물음표 일기쓰기

물음표 일기쓰기

1판 1쇄 발행 | 2010. 5. 10.
1판 6쇄 발행 | 2019. 6. 10.

곽병관 글 | 김정수 기획 | 강경수 그림

발행처 김영사
발행인 고세규
등록번호 제406-2003-036호
등록일자 1979. 5. 17.
주소 경기도 파주시 문발로 197 (우10881)
전화 마케팅부 031-955-3100 편집부 031-955-3113~20
팩스 031-955-3111

글 ⓒ 2010 곽병관
저자와 출판사의 허락없이 내용의 일부를 인용하거나 발췌하는 것을 금합니다.

값은 표지에 있습니다.
ISBN 978-89-349-3948-1 73040

좋은 독자가 좋은 책을 만듭니다.
김영사는 독자 여러분의 의견에 항상 귀 기울이고 있습니다.
독자의견전화 031-955-3112 | 전자우편 book@gimmyoung.com
홈페이지 www.gimmyoungjr.com | 어린이들의 책놀이터 cafe.naver.com/gimmyoungjr

---

어린이제품 안전특별법에 의한 표시사항
제품명 도서   제조년월일 2019년 6월 10일   제조사명 김영사   주소 10881 경기도 파주시 문발로 197
전화번호 031-955-3100   제조국명 대한민국   ⚠주의 책 모서리에 찍히거나 책장에 베이지 않게 조심하세요.

특목고 준비를 위한 첫 단추

물음표 일기쓰기

곽병관 글 | 강경수 그림

주니어김영사

자녀를 사랑하는 모든 학부모님께

여기저기서 단풍잎 같은 슬픈 가을이 뚝뚝 떨어진다.
단풍잎 떨어져 나온 자리마다 봄을 마련해 놓고
나뭇가지 위에 하늘이 펼쳐 있다.
가만히 하늘을 들여다보려면 눈썹에 파란 물감이 든다.
두 손으로 따뜻한 볼을 쓸어 보면 손바닥에도
파란 물감이 묻어난다.
다시 손바닥을 들여다본다.

　　시인 윤동주 님의 '소년'이란 시의 일부입니다. 다시 봐도 한 글자 한 글자, 한 낱말 한 낱말마다 참으로 주옥 같은, 가슴을 파고드는 시입니다. 그래서 많은 사람들의 사랑을 받고 있나 봅니다.

그런데 문득 '왜 이 시가 가슴에 남는 것일까?'라는 의문이 듭니다. 아름다운 글 때문일까? 아니면 유명한 시인의 시이기 때문일까? 그것도 아니면 멋진 시 한 편은 외우고 있다는 것을 은근히 과시하고 싶기 때문일까?

아닙니다. 그 이유는 바로 '공감' 때문입니다. 누구나 겪는 어린 시절의 순수한 마음, 깨끗한 마음이 추억을 떠올리게 하기 때문입니다. 그리하여 자연스럽게 흘러가는 냇물 같은 시이기 때문입니다.

《물음표 일기 쓰기》를 펴낸 이유도 바로 '공감'이 가져다주는 강한 '이끌림' 때문이었습니다. 또한 공감은 누구라도 고개를 끄덕일 수 있는 합리성을 가지고 있고, 논리적이어서 교육적으로도 중요하다고 생각하였습니다.

고민, 즉 끝없는 의문 없이 탄생한 진리는 없습니다. 모든 위인들이 그랬고, 모든 과학자, 현자들의 이론이 그렇게 탄생했습니다. 무한한 가능성을 지닌 잠재력의 보물 창고인 어린이들이 자신의 생각을 물음표 일기로 맘껏 펼쳐 보이길 바라는 마음이 간절합니다. 그리하여 꿈을 이룰 수 있는 강한 '동기(motivation)'를 물음표 일기 쓰기를 통해 얻기 바랍니다.

보통 일기가 '반성'에 초점을 맞추었다면, 물음표 일기 쓰기는 '창조'를 중요시하고 있습니다. 그렇다 보니 쓸 소재거리도 무궁

무진하답니다. 또 다양한 물음을 던지면서 스스로 명쾌한 결론이나 명언을 제시하기 때문에 반성으로 위축되기 쉬운 아이들의 마음은 자신감과 희망으로 채워질 것입니다.

아이들은 본래 의문투성이고, 물음덩어리입니다. 그리고 그 속에는 엄청난 가치들이 숨어 있습니다. 다만 어른들이 그 가치를 몰라 줄 뿐이지요. 《물음표 일기쓰기》는 아이들의 머릿속에, 가슴속에 숨어 있는 가치 있고 빛나는 물음들이 커 갈 수 있게 도와줄 것입니다.

— 저자 곽병관

"빛나는 물음 하나는 지혜의 절반을 차지한다."
— 베이컨

세계 최고의 명문대학 캘리포니아 공과 대학교에서 온 편지
물음표 일기는 창조적 발견의 원동력

안녕하세요?

저는 캘리포니아 공과 대학교 1학년 이돈석입니다.

만유인력의 법칙이 뭔지는 몰라도 뉴턴이 아래로 떨어지는 사과를 보고 중요한 물리 법칙을 고안해 냈다는 일화는 초등학생이라면 대부분 알고 있을 겁니다. 너무나도 유명한 이 '뉴턴과 사과' 이야기는 누군가가 꾸며 낸 재미있는 이야기에 불과할 수도 있지만, 뉴턴의 과학적 호기심과 탐구심을 잘 보여 주고 있다고 생각합니다.

뉴턴이 평범한 사람이었다면 자기 머리 위로 떨어진 사과를 당연한 것으로 여겨 대수롭지 않게 생각했을 것입니다. 하지만 그는 '사과가 왜 아래로 떨어졌을까?' 하고 질문을 던졌습니다.

뉴턴은 자신의 서재로 돌아가 책상에 놓여 있는 펜을 들었다가 떨어뜨리면서 질문을 계속 이어 갑니다.

마치 한순간의 영감으로 만유인력의 법칙을 발견한 것처럼 보이지만 사실 뉴턴은 스스로에게 끊임없이 질문을 던지고 있었던 것입니다.

이처럼 물음표는 과학적인 탐구를 하는 데 있어서 매우 중요한 역할을 합니다. 제가 과학 공부를 하는 데 큰 도움을 주었던 것도 바로 물음표 일기입니다. 어렸을 때 저는 여느 아이들처럼 자연 현상에 대해 호기심이 많아서 부모님께 자주 물었습니다. 하지만 희한하게도 질문을 하면 할수록 궁금한 것이 더욱 늘어났습니다. 예를 들어, '태양을 잡으려면 얼마나 높이 올라가야 해요?'라는 질문 다음에는 '태양은 얼마나 커다랄까?', '그렇다면 달은 태양과 크기가 같을까?', '별은 얼마나 멀리 떨어져 있을까?', '우주는 얼마나 넓을까?' 등 무수한 질문들이 이어졌습니다. 그리고 가지처럼 뻗어 나가는 질문들로부터 저는 새로운 지식들을 얻을 수 있었습니다. 저에게 물음표 일기는 어린 시절의 호기심을 가득 채운 보물 상자인 셈이지요.

민족사관고등학교에 다닐 때 과학 탐구 대회에서 한번은 탐구 주제를 물음표 일기로 썼습니다. 탐구 주제는 '밤과 낮의 기온 차이로 작동하는 열기관을 만들 수 있을까?'였습니다. 맨 처음 머릿속에 떠오르는 질문들을 물음표 일기에 적었습니다. 그리고 이 질문들에 대한 답을 자료를 조사해 찾고 나니 또 새로운 질문들이 떠오르기 시작했습니다. 이렇게 스스로 질문에 답을 해 가는 과정을 반복하면서 주제에 대한 답을 찾아갔습니다.

물음표 일기는 문제에 대해 단편적인 시각이 아닌 다양한 각도에서 종합적으로 관찰하는 능력을 키워 주었습니다. 그리하여 제가 캘리포니아 공과 대학교(California Institute of Technology, Caltech)에 합격하는 데 일등 공신이 되었습니다.

창의적인 질문의 행진(Question Parade) 끝에는 항상 창조적인 발견이 있습니다. 물음표 일기의 힘은 바로 여기에 있다고 할 수 있습니다. 하나의 질문으로부터 출발하여 질문에 대한 질문을 끊임없이 하다 보면 미처 생각하지 못했던 새로운 궁금증들이 피어나게 됩니다.

지금 저는 조심스럽게 대한민국 최초의 노벨 물리학상을 꿈꾸고 있습니다. 그리고 창의적인 물음들이 저를 그 길로 이끌어 줄 거라고 생각합니다.

- 캘리포니아 공과 대학교에서 **이돈석**

저자의 말

지겨운 일기장이 매일 보고 싶은 친구가 되게 해 주는 책

선생님과 부모님께서 왜 일기를 쓰라고 하시는지 생각해 본 적이 있나요?

여러 가지 이유가 있겠지만 그 중 제일 큰 이유는 나의 하루를 돌아보고 좋은 일은 앞으로 더 열심히 하고 나쁜 일은 두 번 다시 하지 말라는 것입니다.

그런데 여러분은 일기 쓰기를 어떻게 생각하나요?

선생님께서 숙제로 내 주셨으니 쓰긴 써야겠는데 매일 반복되는 하루 일과들 중에 뭘 써야 할지 고민되고, 잘못한 일을 찾아내서 억지로 반성도 해야 할 것 같고, 선생님이나 부모님께 잘 보이기 위해서 일부러 열심히 하겠다는 굳은 다짐도 넣어야겠고……
이럭저럭 마무리하느라 진땀을 흘리고 있지는 않나요?

《물음표 일기쓰기》는 물음표를 통해서 쉽고 재미있게 일기를 쓸 수 있는 방법을 알려주는 책이에요. 그래서 책 제목도 '물음표 일기 쓰기'랍니다.

물음표 일기 쓰기는 일상 생활에서 내가 생각했던 수많은 궁금증들 중에 하나를 뽑아 그 생각을 정리하며 쓰는 것이라 쓸 거리도 많고, 재미있게 쓸 수 있어요. 무엇보다도 여러분들의 사고력과 창의력을 키워주는 데 큰 역할을 한답니다. 한마디로 머리가 좋아지는 거죠.

일기를 한 번이라도 써 본 친구라면 이 책을 재미있게 읽을 수 있을 거에요. 이 책을 끝까지 읽고 물음표 일기 쓰기에 습관을 들이면 지겨운 일기장이 매일 보고 싶은 친구처럼 될 거에요. 아직은 물음표 일기라는 친구에 대해서 아무것도 몰라도 괜찮아요. 지금부터 물음표 일기를 내 친구로 만드는 방법을 알려줄 테니 기운차게 출발해 봅시다.

물음표 일기와 함께 그 동안 움츠렸던 내 생각에 멋진 날개를 달아보아요.

차 례

자녀를 사랑하는 모든 학부모님께
세계 최고의 명문 대학 캘리포니아 공과 대학교에서 온 편지
저자의 말

제1장 물음표 일기 시작하기
　　내 생각은 정말 엉뚱한 것인가요?　18
　　도대체 일기는 왜 쓰는 거예요?　21
　　똑같은 일기를 꼭 매일 써야 하나요?　24
　　물음표 일기는 보통 일기와 뭐가 다른가요?　27
　　물음표 일기를 쓰면 어떤 점이 좋은가요?　32
　　반짝반짝 빛나는 질문을 찾아라!

제2장 물음표 일기의 구성
　　물음표 일기의 구성 한눈에 보기　48
　　날짜를 꼭 숫자로만 써야 하나요?　50
　　날씨를 독특하고 재미있게 쓰면 안 되나요?　55
　　3줄요약은 어떻게 써야 하나요?　60
　　주제는 꼭 필요할까요?　67
　　꼭 물음표가 이어져야 하나요?　75
　　물음표 일기 쓰기 가족 경연 대회
　　나도 명언을 만들 수 있나요?　86

선배들이 들려주는 물음표 일기의 효과
민사고 합격의 영광을 안겨 주다　94
언어 영역의 고수가 되다　96
숨겨진 재능이 빛나게 해 주다　98
과학 영재의 길로 이끌다　100

제3장 친구들이 쓴 물음표 일기

【일상생활】　104
작은 고모는 왜 이사를 했을까? – 불광초등학교 2학년 김설아
나는 왜 묵찌빠를 하자고 했을까? – 산성초등학교 4학년 차재욱
나는 왜 스튜어드가 되려고 하는가? – 창신초등학교 6학년 이승은
선배의 일기　첫 세계 대회를 잘 치르려면 어떻게 해야 할까?
– 민족사관고등학교 2학년 강희구

【학습】　116
과제를 빨리 끝내려면 어떻게 해야 할까? – 산성초등학교 4학년 김민주
왜 열심히 공부해도 시험 결과가 좋지 않을까? – 창신초등학교 6학년 임태경
수학을 잘하려면 어떻게 해야 할까? – 개신초등학교 6학년 윤선영
선배의 일기　공부는 왜 하는 걸까? – 상산고등학교 1학년 김혜린

【시사】 128

왜 대부분의 영화에 폭력적인 장면을 넣을까? – 대곡초등학교 4학년 유준호

광우병의 치료법은 없는 것일까? – 산성초등학교 4학년 김종민

신종플루로부터 내 몸을 어떻게 지킬 수 있을까? – 대곡초등학교 6학년 이진영

장애인에 대한 차별을 없애려면 어떻게 해야 할까? – 개신초등학교 6학년 윤선영

선배의 일기 대안 없는 비판은 무의미한가? – 영동고등학교 1학년 박형규

【독서】 143

아인슈타인은 왜 상대성 이론을 발표하지 않으려고 했을까?
   – 산성초등학교 4학년 김재원

만화책은 유익하지 않은 책일까? – 대곡초등학교 6학년 유준호

선배의 일기 현실감 있고 흥미로운 소설을 쓰려면 어떻게 해야 할까?

– 민족사관고등학교 2학년 강희구

제4장 역사 속 위인들이 쓴 물음표 일기

위화도 회군을 하는 것에 대의명분이 있는가? 이성계   156

백성들이 쉽게 쓸 수 있는 글자를 만들려면 어떻게 해야 할까? 세종 대왕   160

어떻게 하면 12척의 배로 수많은 일본 함선을 무찌를 수 있을까? 이순신   164

나는 왜 동방을 정복하려 하는가? 알렉산드로스   168

빌려 온 책이 젖었는데 어떻게 하는 것이 옳은 행동일까? 링컨   172

쉽게 폭발하지 않는 고체 니트로글리세린을 어떻게 만들까? 노벨   176

엔진의 힘을 이용해서 하늘을 날 수 있을까? 라이트 형제   180

제1장

물음표 일기 시작하기

 ## 내 생각은 정말 엉뚱한 것인가요?

우리가 생각해 낸 질문과 궁금증에는 아주 소중한 것들이 많이 있어요. 그런데 이런 궁금증과 생각들을 다른 사람들이 몰라줄 때가 많아요.

가족들과 함께 과일을 먹던 현식이는 왜 수박에 까만 줄이 있고, 왜 참외는 울퉁불퉁한지 갑자기 궁금해졌습니다. 그래서 부모님께 여쭤 봤다가 엉뚱한 생각만 한다고 도리어 꾸중을 들었습니다.

여러분도 현식이와 같은 경험을 한 적이 있나요?

현식이 부모님께서는 현식이의 질문이 엉뚱하다며 꾸중을 했어요. 그런데 현식이의 질문은 정말 쓸데없고 엉뚱한 걸까요? 어른들 말씀이 무조건 맞는 걸까요?

사실 현식이가 생각해 낸 궁금증은 매우 중요한 것이에요.

사람을 비롯해서 이 세상 모든 것들은 태어날 때부터 가진 본래의 모습이 있어요. 이것을 바로 '사물의 본질'이라고 하지요.

다시 말해서 수박은 '둥그런 모양에, 녹색 바탕에 까만 줄무늬가 있는 과일'이어야지 수박이라고 말할 수 있고, 참외는 '둥그런 모양에 노란색을 띠고 표면이 울퉁불퉁하며 속에 씨가 많은 과일'이어야지 참외라고 말할 수 있어요. 그래서 현식이가 떠올린 작은 물음 하나는 엉뚱하고 바보 같은 질문이 아니라 사물의 본질을 묻는 아주 놀라운 물음이었던 거예요.

　현식이의 이야기에서처럼 평소에 그냥 지나쳤던 많은 궁금증들 중에는 굉장한 생각들이 있을 수도 있어요. 그럼 어떻게 하면 좋을까요? 어른들께 물어보면 꾸중만 들을 테니 그냥 가만히 있

어야 할까요? 아니면 쓸데없는 생각이라며 머릿속에서 지워 버려야 할까요? 가장 좋은 방법은 이러한 물음을 정리하는 방법을 배워서 잘 쌓아 두는 것입니다.

그렇다면 매일 쓰는 일기장에 하루에 있었던 일만 쓰는 게 아니라 물음들을 정리해서 가득 채우면 어떨까요? 그 일기장은 멋진 생각들이 가득 담긴 보물 창고가 될 거예요. 그것이 바로 '물음표 일기'이지요.

물음표 일기는 평소 그냥 지나쳤던 중요하고 기발한 생각을 정리할 수 있는 곳이에요. 그래서 일기를 쓸수록 반짝반짝 빛나는 물음들이 사물의 본질을 알 수 있게 해 준답니다.

이제부터 다른 사람들이 왜 내 생각을 몰라주는지 고민하지 말고 물음표 일기를 쓰면서 궁금한 것들을 스스로 정리해 보세요. 자신의 생각들을 멋지게 정리하고 나면 다른 사람을 이해시킬 수 있는 힘도 생길 거예요.

도대체 일기는 왜 쓰는 거예요?

사람은 태어나서 말을 먼저 배우고 글을 배워요. 말과 달리 글은 한꺼번에 여러 명에게 전하기가 쉽고, 나중에 다시 볼 수 있다는 장점이 있지요. 그리고 글쓰기 훈련의 한 방법으로 가장 쉽게 쓰이는 것이 바로 '일기'예요.

일기는 그날에 있었던 일들을 되돌아볼 수 있어서 잘한 점과 못한 점을 알 수 있어요. 그래서 잘못한 점을 반성하고 다시는 그런 실수를 하지 않으려고 다짐할 수 있지요. 또한 내일 무엇을 할지 미리 계획하여 같은 실수를 반복하지 않게 해 줍니다. 결국 매일매일 일기를 쓰면 자신의 행동에 책임감을 느끼고 맡은 일을 열심히 하게 되지요.

또한 일기를 쓰는 중요한 이유는 나의 소중한 역사를 기록하기 위해서이기도 해요. 일기는 나의 어린 시절의 추억을 그대로 담고 있고, 후손들에게 매우 귀중한 자료가 되기도 하지요.

현식이는 누나와 아빠와 함께 울산에 갔어요.
그런데 도착한 곳은 넓은 바닷가가 아닌 이상한 안내판 앞이었어요.

울산 대곡리 반구대 암각화(국보 제285호)

바닷가에서 재미있게 놀 생각에 부풀었던 현식이는 실망했지요. 그런데 그곳은 세계적으로 매우 유명한 선사 시대 유적지라고 했어요.

벽에는 고래, 표범, 사슴과 같은 여러 동물 모양의 그림들과 사냥꾼이나 어부들의 모습이 그려져 있었어요.

'선사 시대가 뭐야? 그리고 이 유치한 그림을 왜 힘들게 바위에 그린 거지?'

현식이는 이런 물음들이 떠올랐어요.

현식이의 질문처럼 선사 시대란 뭘까요?

선사 시대는 글자가 없던 시대를 말해요. 시대를 구분할 때는 글자가 있었는지 없었는지에 따라 둘로 나누어요. 바로 선사 시대와 역사 시대이지요. 선사 시대에는 글자가 없어서 글로 남긴 기록이 없고, 역사 시대에는 글자가 있어서 글로 남긴 기록이 있어요. 우리는 글자가 없던 아주 옛날의 모습도 남아 있는 그림이나 기록을 통해서 알 수 있지요.

그럼 옛날 사람들은 왜 그림과 글, 즉 기록을 남겼을까요?

바로 '후손들을 위해서'라고 대답할 수 있어요. 현식이가 본 대곡리 반구대 암각화 그림에는 고래에게 줄 달린 창을 던지는 모습이나 구덩이 속에 표범처럼 보이는 동물이 그려져 있었어요. 이것은 다양한 동물을 사냥하는 방법을 자식이나 손자들에게 가르쳐 주려고 그린 것이지요. 이렇듯 일기를 쓴다는 것은 현명한 기록을 남기는 거라고 할 수 있어요.

그런데 여러분이 그동안 써 온 일기는 어떤가요? 쓰기 싫어서 대충 쓰지는 않았나요?

지금까지는 왜 일기를 쓰는지 잘 몰랐으니까 괜찮아요. 하지만 이제 일기를 쓰는 이유를 알았으니까 앞으로는 제대로 쓸 수 있겠지요?

똑같은 일기를 꼭 매일 써야 하나요?

사람들은 일기를 매일 쓰려면 쓸 거리가 없어 부담스럽고 힘들다고 해요. 그러다 보면 자연스럽게 일기를 쓰는 날이 줄어들게 되지요. 매일 썼던 일기가 점점 일주일에 한 번, 한 달에 한 번, 그러다가 일 년에 한 번, 결국에는 영영 쓰지 않게 되는 경우가 많아요.

대부분의 사람들이 하루를 살아가는 모습은 어제와 별로 다른 게 없어요. 그래서 하루에 일어난 사건을 중심으로만 일기를 쓴다면 쓸 거리가 없겠지요. 그럼 어떻게 하면 매일 지루하지 않으면서도 의미 있는 일기를 쓸 수 있을까요?

어느 날 현식이는 뜬금없이 엄마에게 외식을 하자고 졸랐어요. 영문을 모르는 엄마는 왜 갑자기 외식을 하자고 하는지 이유를 물었어요. 현식이는 솔직하게 말했어요.
"사실은…… 일기 쓰려고……."
그러자 엄마는 가뜩이나 요즘 집안 사정이 어려운데 그런 사소한 일로 외식을 하자고 한다며 꾸중을 하셨어요.

> 풀이 죽어 방으로 돌아온 현식이는 어제도, 그제도 똑같은 일밖에 없는데 어떻게 일기를 쓸지 막막하기만 했어요. 현식이가 보기에는 아침에 일어나서 학교에 가면 시간표대로 수업하고, 쉬는 시간에 놀고, 급식 먹고, 수업이 끝나면 청소하고, 학원 갔다가 집에 오는 생활이 매일 똑같이 느껴지기만 했어요.

여러분의 하루 일과도 현식이와 비슷할 거예요. 매일 반복되는 학교 생활, 학원 생활은 여느 때와 똑같아서 일기 쓰기가 귀찮고 싫었을지도 몰라요.

꾸준히 일기를 쓰면 글쓰기 실력이 향상되고, 하루를 반성하면서 내일을 계획하는 등 여러 가지 장점이 있다는 건 알겠지만 똑같은 일기를 반복해서 쓰면 정말 지루하지요? 매일 뭔가 특별한 일이 생기면 쉽게 일기를 쓸 수 있을 것만 같고요. 하지만 매일 외식을 하거나 소풍을 가려면 돈이 많이 들었어요. 또, 그럴 시간도 부족하지요.

그런데 잘 생각해 보세요. 어제와 오늘이 정말 똑같을까요? 어제와 오늘이 거의 비슷하고 별다른 일이 없는 것처럼 보이지만 곰곰이 생각해 보면 다르다는 걸 깨달을 거예요. 그중에서도 여러분의 머릿속에 그때그때 떠오른 생각들은 전혀 다르지요.

그러니까 아침에 일어날 때, 학교 갈 때, 점심시간이나 쉬는 시간, 학교 끝나고 학원에 가서 있었던 일을 돌이켜 떠올리고 그때 했던 생각들을 다른 날과 비교해서 일기를 쓰는 거예요. 즉, 일기를 쓸 때 사건 중심이 아닌 이유와 원인에 대해서 쓴다면 하루에도 수십 개씩 의미 있는 쓸 거리를 만들 수 있답니다.

하루 중 '왜?' 또는 '무엇 때문에?', '어떻게 하지?'라는 생각이 들었던 일들을 떠올려 보세요.

'나는 왜 동영이랑 친한 걸까?'
'나는 왜 회장 선거 때 동영이 대신 명훈에게 투표했을까?'
'명훈이가 더 반장 노릇을 잘할 거라고 생각해서일까?'
'동영이가 이 사실을 알면 어떤 기분이 들까?'

자신의 머릿속에 떠오른 궁금증을 자연스럽게 글로 옮기는 거예요. 어때요, 어렵지 않죠? 이렇게 생각을 떠올리는 것만으로 여러분은 매일 의미 있는 일기를 쓸 힌트를 쉽게 발견할 수 있을 거예요.

왜냐하면 우리의 매일매일은 온통 궁금한 것투성이니까요!

 물음표 일기는 보통 일기와 뭐가 다른가요?

여러분은 '물음표 일기'라는 말을 처음 들어 볼 거예요. 물음표 일기와 보통 일기는 과연 무엇이 다른 걸까요?

물음표 일기의 구성은 다음과 같아요.

- 독특하면서도 남들이 알아볼 수 있는 하나뿐인 **날짜**
- 현장에 있는 듯 생생하게 표현하는 **날씨**
- 일기의 내용을 정리해 놓은 **3줄요약**
- 연구 논문의 제목과 같이 의문문으로 쓴 **주제**(제목)
- 꼬리에 꼬리를 무는 물음표들의 행진인 **물음여행**
- 역사에 길이 남을 멋진 **오늘의 명언**

여러분이 매일 쓰는 일기와 물음표 일기를 한번 비교해 보세요. 보통 일기와 뭐가 다른가요? 여기서 비교란 다른 점만 찾는 것이 아니라 같은 점도 찾는 걸 말해요.

우선 보통 일기를 쓸 때는 제일 먼저 짧은 제목을 쓰지요? 주로 '내 생일', '소풍간 날', '외식' 등등 낱말 형식으로 많이 쓸 거예요. 그런데 물음표 일기의 제목은 '생일날 꼭 선물을 받아야 할까?', '소풍은 왜 가는 걸까?', '외식은 얼마 만에 하는 것이 적당할까?'와 같이 의문문으로 써요. 즉 머릿속에 자연스럽게 떠오른 궁금증을 마치 누군가에게 질문하듯 쓰는 거예요. 물음표 일기에서는 그것을 '주제'라고 해요. 그리고 쓰는 순서도 '날짜 → 날씨 → 3줄 요약 → 주제(제목)' 순으로 보통일기와 달라요.

물음표 일기는 맨 처음으로 '날짜'를 써야 해요. 날짜를 쓰는 방법은 하나만 있는 게 아니에요. 보통 일기는 숫자로만 날짜를 쓰지만 물음표 일기는 다양한 방법으로 날짜를 표현할 수 있어요.

예를 들면 '2009년 12월 1일'을 '이천구 년 마지막 달 첫째 날'이라고 한글로 쓰는 거예요. 어때요, 느낌이 다르지요?

그 다음은 '날씨'를 써요. 보통 일기는 맑음, 비, 흐림, 맑은 뒤 흐림 등 간단하게 쓰지만 물음표 일기는 생생하고 자세하게 날씨를 표현합니다. 추운 날은 손발이 꽁꽁 얼어 저린 느낌을 표현하고, 더운 날은 등줄기로 땀이 줄줄 흘러내리는 표현을 쓰는 거예요. 날씨를 수필이나 시처럼 멋지게 쓰기 때문에 '날씨 에세이'라고도 불러요.

보통 일기에서는 날씨 다음에 내용이 나오지만 물음표 일기는 '3줄요약'을 써야 합니다. 왜 그런 일기를 쓰게 되었는지 그날 있었던 중요한 일을 3줄로 간단하게 정리하는 걸 말해요.

다음으로 제목, 즉 주제를 의문문으로 써야 해요. 그리고 내용이 이어지지요. 여기서 보통 일기와 물음표 일기는 전혀 달라져요. 보통 일기는 마침표로 끝나는 평서문으로 쓰지만 물음표 일기는 모두 의문문으로 써야 하거든요. 잘 모르겠다고요?

그럼 현식이가 쓴 보통 일기와 물음표 일기를 읽고 내용이 어떻게 달라지는지 확인해 볼까요?

보통 일기 예

아빠는 늘 누나만 칭찬한다.

누나가 잘못했을 때는 봐주고 내가 잘못했을 때는 안 봐준다.

누나는 나한테 못되게 군다.

누나 마음 속엔 악마가 들어 있는 것 같다.

엄마도 내편이 아니다.

난 외롭고 불쌍하다.

물음표 일기 예

왜 아빠와 엄마는 누나만 좋아할까?

내가 잘못하면 만날 혼내면서 누나는 칭찬만 할까?

누나가 여자라서 그런 걸까?

아니면 누나가 공부를 잘하기 때문일까?

아니면 누나가 안마도 해 주고 책상 정리도 잘해서

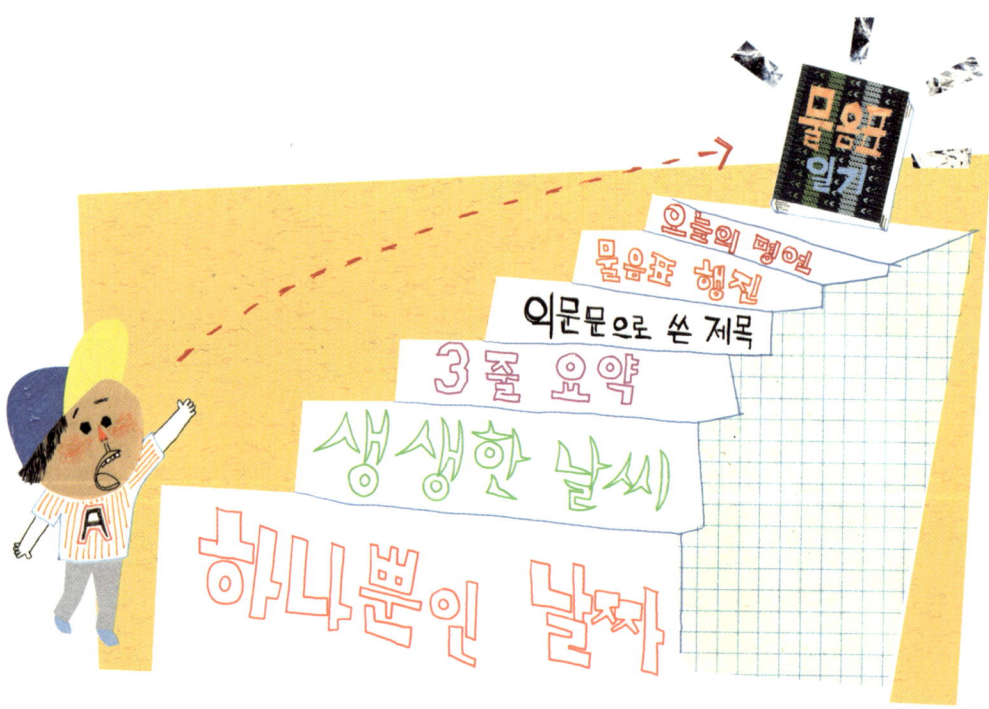

> 엄마, 아빠를 기쁘게 해 주기 때문일까?
> 난 컴퓨터 게임만 하고 방도 어지럽히고
> 말썽만 피우니까 미운 걸까?
> 그렇다면 내가 그런 행동들을 고치면 엄마 아빠께서
> 칭찬해 주고 예뻐해 주실까?

　같은 일을 두고 전혀 다른 일기가 되었지요? 보통 일기에서 현식이는 무척 외로워 보이지만 물음표 일기에서는 자신의 행동을 고치면 부모님도 달라지지 않을까 하는 긍정적인 마음이 보이네요.

　이렇게 물음들로 가득 찬 내용을 '물음여행'이라고 해요.

　그리고 마지막으로 물음표 일기에는 '오늘의 명언'을 적어요. 이 명언은 바로 여러분들이 만들어 낸 말이에요. 그리고 물음표 일기의 제목에 대한 답이 바로 명언이 되는 거지요. 이 명언들은 언젠가 역사에 길이 남을 멋진 말이 될지도 몰라요!

물음표 일기를 쓰면 어떤 점이 좋은가요?

그럼 물음표 일기를 쓰면 어떤 점이 좋을까요? 물음표 일기가 주는 장점들을 구체적으로 살펴보도록 해요.

주장이 뚜렷한 논증적인 글을 쓸 수 있어요

대부분의 사람들이 글쓰기를 싫어하는 가장 큰 이유 중의 하나는 글을 쓰는 목적을 모르고 억지로 쓰기 때문이에요. 그런데 물음표 일기는 자신이 오늘 있었던 일 중에서 가장 중요한 것을 주제로 정하고 쓰기 때문에 뭘 써야 할지가 분명해요. 또한 자신이 던진 궁금한 것(주제)에 대한 답을 찾아간다는 뚜렷한 목적이 있기 때문에 적극적으로 글을 써 나갈 수 있어요. 그 과정을 통해 답을 얻게 되면 뿌듯한 성취감을 맛보기 때문에 계속 쓰고 싶어지지요.

그리고 물음표 일기 쓰기를 반복하면서 '문제 제기 → 주장 → 결론'에 이르는 설득력 있는 논증 구조를 자연스럽게 익히게 되어 주장이 뚜렷하고 명료한 글을 쓰게 됩니다. 마치 한 편의 연구 논문을 쓰는 것과 같은 효과를 얻을 수 있지요.

✏️ 사물과 현상의 본질을 파악할 수 있어요

　물음표 일기를 쓰면 사물의 본질적인 특징과 어떤 현상이 일어나는 원리를 깨닫게 됩니다. 앞에서 현식이가 자연스럽게 수박의 본질을 파악한 것처럼 말이에요. 본질을 알아 가는 과정은 꼬리에 꼬리를 무는 물음의 연결 과정과 같거든요.

　과학자 뉴턴이 만유인력의 법칙을 발견하는 과정 또한 물음들의 행진이었어요. 뉴턴이 어떤 식으로 물음들을 이어 갔는지 살펴볼까요?

저 사과가 왜 떨어졌을까? 다른 사과들도 떨어질까?

그런데 위로 솟구치거나 옆으로 날아갈 수도 있는데 왜 하필 아래로만 떨어질까?

배나 복숭아 같은 다른 과일도 똑같이 아래로 떨어질까?

그럼 과일이 아닌 다른 물체는 어떨까?

혹시 사과보다 무게가 가벼운 물체는 다르지 않을까?

가벼운 머리카락도 결국 땅바닥에 떨어지지 않았던가?

그렇다면 모든 물체는 아래로 떨어지는 걸까?

> 왜 모든 물체는 아래로만 떨어질까?
>
> 혹시 어떤 보이지 않는 힘이 물체를 아래로 끌어당기는 것은 아닐까?
>
> 그 끌어당기는 힘은 도대체 뭘까?

뉴턴의 물음표 일기를 통해 '어떤 현상에 대해 계속 물음을 던지면 사물과 현상의 본질에 다가갈 수 있다'는 것을 확실하게 알게 되었죠?

✏️ 문제에 대한 분석력과 해결력이 향상돼요

생활 속에서 생기는 크고 작은 문제를 잘 해결하려면 어떻게 해야 할까요?

먼저 문제가 무엇인지 제대로 알아야 하지요. 그래야 문제의 해답을 찾을 수 있을 테니까 말이에요.

예를 들어 국어 시간에 시를 배운다고 해 보아요.

'시인은 왜 이런 제목으로 시를 지었을까?' 이 물음을 던지는 순간 시의 제목에 흥미가 생겨요. 그런 다음 '무슨 뜻일까?'를 생각하게 되고 그 제목이 '시와 잘 어울릴까?' 살펴보게 되는 거죠. 이것만으로도 이미 시에 대해 절반은 이해한 것이나 마찬가지예요. 나아가 '그런데 지은이가 이 시를 쓰게 된 동기는 무엇일까?'

라는 물음을 통해 지은이의 입장이 되어 보기도 해요. 그러면 시를 쓸 당시의 시대적, 공간적 배경이 궁금해지고 저절로 다음과 같은 질문이 이어집니다.

'이 시를 쓸 때는 무슨 일이 있었을까?', '지은이는 이 시를 통해 뭘 알리려고 했을까?' 이 질문들은 시를 이해하는 데 가장 중요한 물음으로써 지은이의 의도를 파악하는 결정적인 물음인 셈이에요. 그리고 '그걸 알리기 위해 어느 시구에 어떤 표현을 썼을까?'라는 물음을 통해 시에 대한 이해는 거의 마무리에 다다르게 됩니다. 그리고 '그런 표현들이 자신의 뜻을 전달하기 위해 충분한가?'라는 건설적인 비판까지 이르게 되는 것이지요.

그럼 여기서 물음의 행진이 끝난 걸까요? 아닙니다. '그렇다면 더 적절한 표현은 무엇인가?'라는 다른 표현 방법(대안)을 묻는 물음이 자연스럽게 나오게 되지요. 이렇게 대안적 사고가 자연스럽게 길러지게 되는 거예요. 합리적인 대안을 내놓는 비판은 더욱 설득력을 가지게 됩니다.

이처럼 물음표 일기를 쓰다 보면 '어떻게, 어떤 방법으로 해결할 수 있을까?'라는 물음은 반드시 나올 수밖에 없어요. 그리고 스스로 해결해야 할 문제이기 때문에 터무니없는 해결 방법을 내지는 않을 거예요. 그러므로 이런 과정을 통해 문제 분석력과 해결력이 쑥쑥 향상되는 것입니다.

✏️ 사고가 깊어지고 넓어져요

'물음표 일기'는 생각하는 능력을 탄탄하게 만들어요.

'나는 왜 과학자가 되려고 할까?'라는 주제로 쓴 물음표 일기를 보면서 알아볼까요?

나는 왜 과학자가 되려고 할까?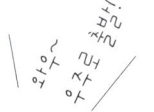

유명해지기 위해서일까?

돈을 많이 벌고 싶어서일까?

어쩌면 이 모두를 위해서일까?

이 모두를 이루기 위해 과학자라는 직업이 가장 좋을까?

과학자 말고도 더 적당한 직업이 있지 않을까?

그런데 과학자는 유명하고 돈을 많이 버는 직업일까?

가난하지만 사회의 발전에 기여하기 위해 평생을 바친 과학자들도 많지 않은가?

나도 혹시 그렇게 과학의 발전을 위해 노력하고 존경받고 싶어서는 아닐까?

그럼 과학자가 되는 길은 쉽지 않겠지?

하지만 노력하면 진정한 과학자가 될 수 있겠지?

물음 하나에서 나온 여러 갈래의 질문이 꼬리를 물고 계속 나오고 있지요? 이 과정을 통해 생각이 넓어지는 거예요. 이것을 어려운 말로 '다면적 사고(多面的 思考)'라고 하지요.
 창의적 사고를 향상시키기 위해 기초가 되는 것이 바로 '여러 갈래로 보기' 또는 '여러 경우의 수 따져 보기'예요. 앞의 물음표 일기에서는 과학자가 된다는 것이 자신의 이익만을 챙기는 직업

이 아니라 인류와 사회를 위해 일해야 '참된 과학인'이라는 생각에 이르게 되었어요. 이것이 바로 '사고의 심화', 곧 생각이 깊어지고 넓어지게 되는 것이지요. 과학자는 개인의 이익보다 사회를 위해 일할 책임과 의무가 있다는 것을 깨닫기 때문에 많은 사람들로부터 존경받는 '진정한 과학자'가 되겠다는 각오를 다지게 되는 거예요.

올바른 판단력을 가질 수 있어요

'삶은 선택의 연속이다'라는 말을 들어 본 적이 있나요? 사람들에게는 '무슨 옷을 입을까? 점심 때 무엇을 먹을까?'와 같은 사소한 결정이 늘 골칫거리이지요. 그 이유는 아마 매일 일어나는 문제이기 때문일 거예요. 이처럼 사람들은 매 순간 사소한 선택의 갈림길에 놓이게 돼요. 예를 들어 점심 메뉴를 고르는 경우를 생각해 볼까요?

한식을 먹을까?

중화요리를 먹을까?

분식을 먹을까?

중화요리를 먹는다면 자장면을 먹을까?

짬뽕을 먹을까?

아니면 탕수육이 좋을까?

만두를 추가할까?

이렇게 선택해야 하는 많은 물음 속에서 자신의 현재 몸 상태, 함께 식사할 사람들, 식사 시간, 식당의 위치와 거리, 식당의 분위기와 친절도, 경제적인 상황 등을 고려해서 가장 잘 어울리고 딱 들어맞는 메뉴 한 가지를 선택한다는 것이 결코 쉬운 일은 아니에요.

만약 어려서부터 물음표 일기를 썼던 사람은 어떤 선택을 할까요? 그리고 그 선택은 최선일까요? 당연히 그럴 가능성이 높아요. 왜냐하면 이게 아니면 저것일까? 저것이라면 왜 그럴까? 또 그것도 아니라면 무엇일까? 그것이 맞는다면 왜 맞을까? 등 물음표 일기를 쓸 때마다 수없이 많이 고민하고 최선의 선택을 하는 연습을 꾸준히 반복해 왔기 때문이지요.

이런 연습을 반복해 나가다 보면 여러분이 진로를 선택할 때에도 많은 도움을 받을 수 있어요. 나에게 가장 적합한 진로를 선택할 수 있는 주체성과 합리적인 판단력이 자연스럽게 몸에 배게 되니까요.

자기 주도 학습 능력이 향상돼요

요즘 어린이들에게서 가장 문제로 여겨지는 것은 '자기 주도 학습'이에요. 학교에서나 학원에서 공부할 때는 친구들, 선생님과 함께 공부하고 서로 도움을 주고받으며 비교적 수월하게 문제를 해결하지만 막상 시험을 쳐 보면 성적이 오르지 않는 경우가 많아요. 그것은 스스로 공부하는 법보다 남들의 도움에 익숙해져 버렸기 때문이에요. 그래서 시험 시간에는 배웠던 내용도 어렵게만 느껴지고 또 쉽게 포기해 버리지요.

그런데 물음표 일기는 일기를 쓰면서 스스로 질문하고 그것에 대해 스스로 답을 찾고 또다시 질문하여 허점이 없는지 확인하는 과정을 경험하게 해요. 그리고 많은 사람들이 공감할 수 있는 결론(명언)을 스스로 내려야 하고요. 이것은 지겹고 힘든 과정이 아니라 흥미진진한 놀이와 같아요. 이런 과정을 수없이 반복해서 연습하다 보면 나도 모르는 사이에 자기 주도 학습 습관이 들게 되는 거예요.

발표 능력을 키워 줘요

물음표 일기에서는 날짜를 아라비아 숫자로만 쓰지 않고 다양하게 표현해요. 그래서 날씨에 대한 표현은 마치 수필처럼 느껴

져요. 마치 현장에 있는 것처럼 생생하게 말이에요.

그렇게 수많은 표현을 연습해 보면서 스스로 평가할 수 있어요. 그러다 보면 많은 사람들의 공감을 불러일으키는 객관적인 표현력을 키우게 되지요. 이러한 연습은 미래에 연설가나 카피라이터가 되었을 때, 사람들에게 감동을 주는 연설을 하거나 사람들을 설득할 수 있는 광고를 만들 수 있도록 해 줄 거예요.

이 밖에도 포기하지 않는 의지력, 도전 정신, 사회성 등 많은 능력들을 물음표 일기를 통해 키울 수 있어요. 매일매일 꾸준히 쓰면 누구나 이러한 능력을 얻을 수 있답니다.

여러분들이 물음표 일기의 장점을 기억하며 물음표 일기를 쓰다 보면 적어도 1년 후에는 7가지 능력을 갖춘 자랑스러운 자신의 모습을 보게 될 것입니다.

물음표 일기를 쓰면 좋은 점

1. 주장이 뚜렷한 논증적인 글을 쓸 수 있다.
2. 사물과 현상의 본질을 파악할 수 있다.
3. 문제에 대한 분석력과 해결력이 향상된다.
4. 사고가 넓어지고 깊어진다.
5. 올바른 판단력을 가지게 된다.
6. 자기 주도 학습 능력이 향상된다.
7. 발표 능력을 키워 준다.

반짝반짝 빛나는 질문을 찾아라!

'물음'이란 어떤 것에 대해 궁금증을 갖고 물어보는 행동을 말해요.

예를 들어 처음 보는 어떤 물건에 대해 갖는 궁금증은 다음과 같은 것들이에요.

'저게 뭘까?'

'뭐하는 물건일까?'

'이름이 뭘까?'

사람에 대해 갖는 궁금증도 있어요.

'뭐하는 사람일까?'

'이름이 뭘까?'

'사는 곳은 어디일까?'

그런데 이런 궁금증들은 단순하고 더 이상 생각이 이어지지 않는 1차적인 궁금증들이에요. 하지만 생각을 이어 주는 궁금증들이 있어요. 우리는 그것을 반짝반짝 빛나는 의미 있는 질문이란 뜻으로 'Shiny Question'이라고 해요.

예를 들면 위의 어떤 물건에 대한 궁금증에서 '저게 뭐하는 물건일까?'를 '왜 저런 물건이 만들어졌을까?'로 바꾸면 단순히 용도만 생각하게 했던 첫 번째 물음에 비해 더 깊게 생각하게 되지요.

또 '이 물건의 이름이 뭘까?'를 '이 물건에는 왜 이런 이름이 붙었을까?'로 바꾸면 이름이 지닌 뜻뿐만 아니라 그런 이름이 붙은 배경까지 생각하게 된답니다.

　이처럼 'Shiny Question'은 사고의 폭을 넓고 깊게 해 줍니다. 따라서 Shiny Question이 많을수록 훌륭한 물음표 일기라고 할 수 있지요.

　그런데 어떻게 하면 Shiny Question을 잘할 수 있을까요? 그것은 경험을 많이 쌓아야 해요. 경험이 많을수록 빛나는 물음들을 잘 이어 나갈 수 있다는 말이지요.

　하지만 모든 일을 직접 경험하기 힘들어서 우리는 간접 경험을 통해 많은 것을 배우고 있어요. 간접 경험의 대표적인 것은 바로 독서예요. 어려서부터 선생님이나 부모님께서 "책 많이 읽어라!"라고 말씀하시는 이유가 바로 여러분들에게 많은 간접 경험을 하게 해 주시려고 그런 거예요. 따라서 Shiny Question을 잘 하려면 독서는 꼭 필요하답니다.

　또 다른 방법 중에 하나는 다른 사람과 토론할 수 있는 주제의 질문을 찾는 거예요. 그리고 그 주제에 대해 반짝반짝 빛나는 'Shiny Question'을 이어 가는 거지요.

　자신의 물음표 일기에 Shiny Question이 반짝반짝 빛나도록 채워 보세요.

제2장

물음표 일기의 구성

'물음표 일기' 구성 한눈에 보기

날짜 일기를 쓴 날짜를 쓰는 곳입니다. 남들이 알아볼 수 있으면서도 나만의 독특한 방법으로 세상에 하나뿐인 날짜를 표현해 보세요.

😊 날짜
2009년 8월 둘째 날, 일요일. 언니의 생일이 일주일 남았다.

날씨 일기를 쓰는 그날의 날씨를 쓰는 곳입니다. 마치 그 자리에 있는 것처럼 현장감을 살려, 일기를 읽는 사람이 생생하게 느낄 수 있는 날씨를 표현해 보세요.

☀️ 날씨
해님이 열을 내서 땀이 삐질삐질 나왔다. 모든 아이들이 슈퍼마켓에 갔다. 그리고 냉장고라는 창고 속에서 외로웠던 아이스크림들을 몽땅 데려가 버렸다. 아, 덥다 더워~

3줄요약 일기에 쓸 내용을 3줄로 간단하게 정리하는 곳입니다. 오늘 무슨 일이 있었는지 누구나 한눈에 알아볼 수 있도록 요약해서 써 보세요.

⚪ 3줄 요약
1. 평소에는 계획 없이 그냥 과제를 해서 시간이 오래 걸렸다.
2. 이번 일요일에는 목표를 세워 놓고 했더니 빠르고 제대로 끝낼 수 있었다.
3. 목표를 세우고 과제를 하면 어떤 점이 좋은지 궁금하다.

주제
과제를 빨리 끝내려면 어떻게 해야 할까?

주제 일기의 제목을 적는 곳입니다. 오늘 일어난 일 중에서 가장 궁금한 것을 생각해 보고 의문문의 형태로 써 보세요.

물음여행
왜 이번 일요일에는 과제를 빨리 끝낼 수 있었을까?
목표를 세우면 시간을 낭비하지 않기 때문이겠지?
평소에는 시간이 더 많은데도 왜 제대로 하지 못했을까?
그런데 이번에는 시간이 많지 않았는데도 제대로 할 수 있었던 이유는 무엇일까?
단지 목표가 있고 없고의 차이 때문에 그런 것일까?
다른 점이라면 평소보다 더 집중했던 것 같은데, 그렇다면 목표가 있으면 집중력이 높아지는 걸까?
결국 내가 오늘 어디까지 무엇을 해야 하는지 확실하게 알고 과제를 했기 때문이 아닐까?

물음여행 일기의 내용을 질문 형식으로 적는 곳입니다. 주제에 대해 크고 넓은 물음에서부터 시작하여 생각을 점점 좁혀 가며 물음을 이어 가 보세요.

오늘의 명언
목표를 세워서 공부하라. 그러면 그냥 하는 것보다 훨씬 더 좋은 결과를 얻을 것이다.

오늘의 명언 물음표 일기의 결론을 내리는 곳입니다. 물음을 던지면서 내가 찾은 결론을 마치 위인들이 남긴 한 줄 명언처럼 다듬어서 표현해 보세요.

날짜를 꼭 숫자로만 써야 하나요?

날짜 만약 옛날 사람이 쓴 일기장을 한 권 발견했다고 상상해 봐요. 그런데 그 일기장에는 날짜가 하나도 없어요. 그러면 어떤 문제가 생길까요?

그 일기가 어떤 시대의 일을 기록한 것인지 알 수 없겠지요. 정확한 날짜를 알아야 그 시대의 생활 모습이나 제도, 관습 등을 참고할 수 있고 다른 자료와 비교할 수 있어요. 따라서 기록이 역사적으로 가치가 있으려면 시간 즉, 날짜가 반드시 있어야 한답니다.

'탄소 연대 측정법' 같은 과학적인 방법으로 시대를 추측할 수도 있지만 정확한 시기를 알기는 힘들어요. 그리고 알아내는 데 시간도 많이 걸리고 비용도 많이 들지요. 그래서 기록을 남길 때는 정확한 날짜를 쓰는 것이 중요해요.

그런데 날짜를 쓰는 방법은 한 가지뿐일까요? 아니에요. 다양한 방법으로 재미있게 쓸 수 있지요. 날짜를 나타내는

몇 가지 방법을 알아보아요.

2009년 11월 11일을 다르게 표현해 볼까요?

- 2009년 빼빼로 데이
- 2009년이 시작된 지 315일 되는 날
- 기축년 동짓달 열하루

그럼 다음 날짜를 볼까요?

- 나의 11번째 생일 날

어때요? 좋은 날짜 표현인가요? '나'를 아는 사람이라면 단번에 알 수 있겠지만 '나'를 모르는 사람은 정확한 날짜를 알 수가 없어요. 날짜는 누가 보아도 알 수 있게 써야 한답니다. 다음의 예도 살펴볼까요?

조선이 세워지고 617년 후

이 날짜 표현도 매우 독특하지만 역사를 잘 모르는 사람에겐 어려워요. 게다가 연도만 나와 있고 몇 월, 며칠, 무슨 요일인지 알

수가 없어요. 다음의 날짜를 볼까요?

111110011001(2)년 1011(2)월 1011(2)일
물의 날

'이게 날짜라고?'라며 고개를 갸우뚱하는 친구들도 있을 거예요. 자세히 살펴보니 월, 일 다음에 '물의 날'이라고 되어 있어요. 물에 해당하는 한자는 '수(水)'이니까 수요일을 가리키는 것이라고 추측할 수 있어요. 그럼 1과 0은 무엇을 뜻하는 걸까요?

이것은 이진법으로 숫자를 표현한 것이에요. 1과 0으로 숫자를 나타내는 방법을 이진법이라고 해요. 이진법은 컴퓨터에 쓰이는 원리인데 0과 1로 정보를 전달하는 방법을 말해요. 이것을 우리가 늘 쓰는 '10진법'으로 바꾸면 바로 '2009년 11월 11일 수요일'이 된답니다.

이처럼 다양하게 여러 가지로 날짜를 표현하면 재미도 있을 뿐더러 새로운 공부도 되죠? 여러분도 재미있고 기발한 방법으로 날짜를 표현해 보세요.

도전! 나도 쓸 수 있다

다음의 날짜를 다른 사람들이 알아볼 수 있도록 재미있게 표현해 보세요.

도전1 2009년 12월 31일 목요일

도전2 2010년 1월 1일 금요일

도전3 2010년 2월 22일 월요일

친구들이 쓴 재미있는 표현들을 살펴보아요. 그리고 어떤 점이 좋은지도 알아보아요.

도전1 2009년 12월 31일 목요일
아! 2009년도 15분밖에 남지 않았구나!
2009년아 안녕! 이제 영원히 보지 못하겠네.

얼마남지 않은 2009년을 몹시 아쉬워하는 마음이 잘 표현되었고 날짜를 분으로 표현한 것이 매우 창의적이네요.

도전2 2010년 1월 1일 금요일
이천 년 들어서 첫 두 자릿수 해를 시작하는 첫째 날.
반짝반짝 빛나는 노오란 황금의 날.

숫자가 아닌 한글로 날짜를 표현하고, 새해 첫날을 강조하여 새로운 출발을 산뜻한 기분으로 할 수 있도록 표현했네요. 특히 요일을 새해 첫날의 느낌이 강조된 빛나는 금으로 표현한 것이 매우 돋보입니다.

도전3 2010년 2월 22일 월요일
천 년이 두 번 지나고 열 번째 해에 2가 세 번 겹친 일요일 다음 날.

연도를 표현하는 데 곱셈과 덧셈의 원리를 적용하고 월, 일을 숫자의 배열로 표현했네요. 관찰력이 뛰어난 표현입니다.

날씨를 독특하고 재미있게 쓰면 안 되나요?

날씨 여러분은 일기를 쓸 때 날씨를 어떻게 쓰나요? '맑음, 흐림, 비, 눈, 비 오다 갬'처럼 짧은 단어로 쓰지요? 그런데 흐렸다가 맑기도 하고, 비가 오다가 그치기도 하는 등 날씨는 변덕을 부리는 날이 많아요.

그럼 날씨를 재미있게 표현한 예를 살펴볼까요?

> 아침에는 간밤에 내린 빗방울 덕분에 온 세상이 깨끗해진 것 같았다. 그리고 시원한 바람도 불었다. 그러나 낮이 되자 무더위가 몽땅 하늘에서 내려온 것처럼 더웠다. 밤이 되어도 여전히 더위가 졸졸 나를 따라 다녔다.

이런 날씨 표현은 정말 독특한 표현이에요. 마치 이야기처럼 길고 자세하게 날씨를 표현했어요. 그런데 한 가지 아쉬운 점이 있어요. 얼마나 더웠는지는 자세히 나와 있지 않아요. '땀이 줄줄 흘렀다' 등의 내용을 조금만 더하면 참 좋은 표현이 될 것 같아요. 다음의 예를 볼까요?

- 가을은 게으름뱅이

얼핏 보면 이상하다고 생각할 수 있지만 이건 가을이 늦게 오는 것을 게으름뱅이에 빗대어 나타낸 좋은 표현이에요. 마치 시에 나올 것 같은 멋진 표현이죠? 다만 맑은지, 기온이 높은지, 자세한 날씨 표현을 써 준다면 아주 좋은 표현이 되겠어요.

시원하고 달콤한 아이스크림 보다,
따뜻하고 달짝지근한 어묵 국물이
생각나는 날씨

여기서는 음식으로 날씨를 표현하고 있어요. 어묵 국물이 생각난다고 하는 걸 보니 날씨가 쌀쌀한 모양이에요. 그런데 아쉬운 점은 맑고 흐린 상태가 없고, 약간 쌀쌀하다는 느낌만 표현하고 있어요.

다양한 날씨 표현을 익히고 싶다면 평소에 일기예보 등을 참고하면 좋아요. 일기 예보를 들으면 바람의 세기와 방향, 기온 등을 자세히 알려 주니까요.

누군가 내 물음표 일기의 날씨를 읽는 순간 나와 똑같이 날씨를 느낄 수 있도록 살아 움직이는, 꿈틀꿈틀 생생한 날씨를 써 보세요.

도전! 나도 쓸 수 있다

다음의 날씨를 현장감을 살려 생생하게 표현해 보세요.

도전1 맑지만 바람이 많이 부는 3월의 이른 봄날

　
　
　
　

도전2 단풍이 무르익은 10월 말의 가을날

　
　
　
　

도전3 비가 많이 내리는 6월 말의 장마철

　
　
　
　

물음표 일기의 구성

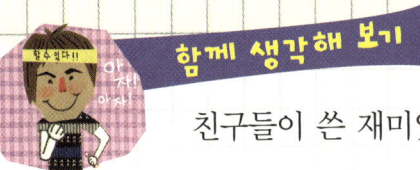
함께 생각해 보기

친구들이 쓴 재미있는 표현들을 살펴보아요. 그리고 어떤 점이 좋은지도 알아보아요.

도전1 맑지만 바람이 많이 부는 3월의 이른 봄날
맑은 하늘에 떠 있는 해님이 따뜻한 햇살로 내 손등을 간지럽힌다. 하지만 어디서 불어온 차가운 바람이 옷 속으로 들어와 소름을 남기고 사라진다.

누구나 한 번쯤은 이른 봄날 이런 날씨를 경험했을 거예요. 이른 봄이라 햇살은 따뜻하지만 아직 차가운 겨울바람이 남아 있는 환절기의 날씨를 비유법을 써서 잘 표현했어요.
'살살 간질인다', '쌩 하고 불어온 차가운 바람이'와 같은 표현을 사용하면 더욱 생생한 느낌이 날 것 같아요.

도전2 단풍이 무르익은 10월 말의 가을날
해가 많이 짧아졌다. 이제 그늘보다는 양지에서 햇볕을 쬐는 것이 더 좋다. 사람들이 긴팔과 긴 바지로 몸을 감싼 걸 보니 쌀쌀해진 모양이다. 파랗던 나뭇잎들도 울긋불긋 예쁜 옷으로 갈아입고 있다.
노란 은행잎은 살짝 부는 바람에도 떨어져 이리저리 굴러다닌다. 마치 '나 잡아 봐라' 하는 것 같다.

가을의 절정인 10월 말의 날씨를 풍경화를 그리듯이 표현했어요. 자세하게 표현하는 방법 중의 하나가 그림을 그리는 것처럼 생생하게 묘사하는 것입니다.

도전3 비가 많이 내리는 6월 말의 장마철

오늘도 비가 주룩주룩 내린다. 벌써 3일째다.
하늘 호수에 구멍이 뻥 뚫렸나 보다. 습기가 온 집 안에
꽉 들어찼다. 금방 입은 옷도 눅눅하다.
햇살이 따갑더라도 쨍쨍 해가 나왔으면 좋겠다.
해야! 빨랑 나와라. 너를 만나 보고 싶구나.

장마철의 특징을 잘 살린 표현들이 많아서 좋아요.
특히 해와 대화하듯이 표현한 마지막 문장이 독특합니다.
3일째 비가 내린다는 것을 알려 주어 읽는 사람에게
습도가 높아 눅눅한 느낌을 느끼게 한 표현도 훌륭하네요.

비가 오면 생각나는 그 사람~

3줄요약은 어떻게 써야 하나요?

3줄 요약   요약이란 긴 글을 한눈에 알아볼 수 있도록 간단하게 간추리는 걸 말해요. 따라서 요약을 잘하면 긴 내용을 빨리 파악할 수 있어서 문제를 풀 때 매우 유리하지요.

물음표 일기의 3줄요약을 잘하려면 우선 그날 있었던 일 중에서 가장 중요한 일을 둘째 줄에 쓰세요. 그리고 그 일이 왜 일어났는지 그 원인이 되는 일이나 사건을 첫째 줄에 쓰고, 셋째 줄에는 그런 일이 생긴 원인을 어떻게 하면 해결할 수 있을지 쓰면 됩니다.

그럼 먼저 아래의 보통 일기를 읽어 보세요.

이번 중간고사에서 다른 과목은 모두 90점이 넘었는데
사회 점수가 80점이다. 그래서 엄마한테 혼났다.
나는 과목 중에서 전부 다 외워야 하는 사회가 제일 싫다.
그래도 시험을 잘봐야 하기 때문에 무조건 외운다.
열심히 외웠는데도 이번 중간고사에서 사회 점수가
낮게 나왔다. 나는 항상 사회 문제만 보면 심장이

쿠~웅 가라앉는다.
선생님께서 "사회책 펴라!"고 하면 귀찮고 갑자기 졸린다.
'사회는 나에게 맞는 과목이 아니다'라는 생각이 자꾸 든다.
그래도 잘해 보려고 문제집도 풀고 요점 정리도 해 봤는데
시험을 보면 항상 사회 점수가 잘 안 나온다.
어떻게 해야 사회 점수가 잘 나올지 방법을 모르겠다.

이번에는 3줄요약을 살펴볼까요?

1. 나는 여러 과목 중에서 사회를 가장 못한다.
2. 사회 시간만 되면 갑자기 지루하다.
3. 나는 왜 사회를 귀찮게 생각할까?

3줄요약이 잘 되었는지 알아볼 때는 기억해야 할 중요한 두 가지가 있어요.
'3줄요약이 내용과 잘 어울리나요?'
'일기 내용을 한눈에 알아볼 수 있나요?'
이 질문을 기억하면서 다시 위의 3줄요약을 읽어 보세요. 어때요? 3줄요약에 어떤 일이 있었는지 구체적으로 쓰여 있지 않지요? 그러니까 3줄요약은 구체적이면서도 물음표로 끝나지 않도

록 써야 해요. 그럼 제대로 된 3줄요약을 살펴볼까요?

1. 이번 중간고사에서 국어, 수학, 과학은 90점이 넘었는데 사회 점수만 80점을 받았다.
2. 엄마한테 사회 공부를 안 한다고 혼났다.
3. 나는 사회 점수가 낮은 이유가 무엇이고 또 사회 점수를 올릴 방법이 궁금하다.

어때요? 처음의 3줄요약보다 훨씬 이해하기 쉽죠?
그럼 다른 3줄요약도 살펴보아요.

1. 내가 반장 선거에 나가서 반장이 됐다.
2. 내가 쉬는 시간에 떠들면 우리 반 애들이 나한테 "야, 반장이 떠들면 어떡하냐? 모범을 보여야지!"라고 한다.
3. 반장이 되길 잘한 걸까?

첫 번째 줄의 '내가 반장 선거에 나가서 반장이 됐다'는 별로 중요하지 않은 문장이에요. 친구들의 말 속에 반장이란 말이 나오기 때문이지요. 3줄요약에는 중요한 것만 적어야 해요.

제대로 된 3줄요약을 볼까요?

1. 내가 쉬는 시간에 조금 떠들었다고 친구들이 "반장이 떠들면 어떡하냐? 모범을 보여야지."라고 말했다.
2. 나는 기분이 팍 상했다.
3. 내가 반장이긴 하지만 항상 모범을 보여야만 한다면 억울하다는 생각이 든다.

별로 중요하지 않은 첫 번째 문장을 빼고 왜 기분이 나빴는지에 대해 요약을 했네요. 그래서 왜 이런 물음표 일기를 썼는지 확실하게 알 수 있는 좋은 3줄요약이 되었어요.

도전! 나도 쓸 수 있다

아래의 보통 일기를 보고 3줄요약을 써 보세요. '아! 이런 일이 있어서 일기를 썼구나!' 하고 한눈에 알 수 있도록 말이에요.

도전1

나는 아침 일찍 일어나 아빠랑 밥을 만들기 시작했다.
아빠는 쌀을 씻고 물을 얼마나 넣는지
알려 주셨다. 아빠는 콩으로 하트 모양을 만들고는
콩을 쌀로 덮었다.
밥을 다 하니 엄마께서 나오셨다. 난 엄마한테 밥 속을
살살 파 보라고 했다. 하트 모양의 콩이 나오자 엄마는
기뻐하셨다. 형도 깜짝 놀랐다. 나는 기분이 좋았다.
나는 엄마에게 힘든 일이 있으면 도와줘야겠다고 느꼈다.

3줄요약

1. _____
2. _____
3. _____

도전2

나하고 친한 친구는 전영민과 김찬혁이다.
우리는 학교에서도, 학원에서도 매일 같이 다닌다.
근데 다른 애들이 우릴 보고 삼총사라고 했다.
근데 애들이 나보고 대장을 하라고 했다.
싸움은 찬혁이도 잘 싸우는데 친구들은 내가 대장에 잘
어울린다고 했다. 우리는 삼총사니까 사이가 좋은 것 같다.
전영민! 김찬혁! 우리 친하게 지내자!

3줄요약

1.
2.
3.

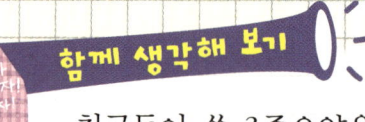

친구들이 쓴 3줄요약을 살펴보아요. 그리고 어떤 점이 좋은지도 알아보아요.

도전1
1. 아침 일찍 아빠와 난 엄마 몰래 하트 콩밥을 만들었다.
2. 엄마는 매우 기뻐하셨고 형도 깜짝 놀랐다.
3. 아빠는 나에게 왜 하트 콩밥 만드는 걸 가르쳐 주셨는지 궁금하다.

하트 콩밥을 만드는 일기는 그냥 평범한 일기예요.
그런데 물음여행을 떠나기 전 3줄요약에 궁금한 점을 썼어요.
그것이 바로 물음여행을 떠나게 만드는 첫 걸음이 된 거예요.

도전2
1. 나와 친하게 지내는 친구는 천영민과 김찬혁이다.
2. 우리는 셋이 항상 같이 다녀서 다른 애들이 우리를 삼총사라고 부른다.
3. 왜 함께 다니면 삼총사가 되는지 궁금하다.

삼총사라는 이름이 왜 생겼는지 궁금하다는 내용으로 3줄요약을 했어요. 이걸 주제로 물음표 일기를 쓸 수 있겠지요?
그런데 일기의 내용을 보면 다른 주제도 얼마든지 찾을 수 있어요.
'우정도 변할까? 삼총사에는 꼭 대장이 있어야 할까?
대장은 꼭 싸움을 잘해야 할까?' 등 수많은 주제들이 담겨 있어요.
그래서 3줄요약을 할 때 무엇이, 어째서 궁금한지 쓰면
그 다음 주제와 물음여행을 쓰기 쉽답니다.

주제는 꼭 필요할까요?

주제   물음표 일기에서는 제목이 곧 주제예요. 그렇기 때문에 오늘 일어난 일들 중에서 가장 궁금한 것을 쓰면 돼요. '난 오늘 무엇에 대해 쓸 것인가?'라고 물으면 쉽게 주제를 정할 수 있습니다. 그리고 앞의 3줄요약에서 마지막 줄에 있는 어떻게 해결할지에 대한 고민이나 걱정을 찾아 물음 형식으로 쓰면 쉽게 정할 수 있어요.

그럼 우선 현식이가 쓴 보통 일기를 읽어 보세요.

제목 : 선생님이 좋아하는 아이

새로 오신 선생님은 어떤 아이를 좋아하실지 궁금하다.
선생님께 사랑받으려면 어떻게 해야 좋을지 생각해 봤다.
내가 열심히 공부하고 귀여운 척하면 사랑을 받을 것 같다. 선생님들은 대부분 말썽쟁이를 싫어하시는데
선생님과 잘 맞는 아이는 누가 될지 모르겠다.
난 소풍이 좋은데 선생님도 소풍을 좋아하실지 모르겠다.

> 소풍 때 애들이 장난을 많이 치니까 귀찮아서 싫어하시겠지.
> 선생님이 뽑은 가장 최고의 학생은 대체로 공부를 잘하는
> 아이나 착하고 성실한 아이들이다.

이 일기의 제목은 '선생님이 좋아하는 아이'예요. 그런데 내용은 어떤가요? 주제에서 벗어난 이야기만 늘어놓고 있지요? 이건 주제가 구체적이지 않고 너무 넓어서 이야기를 이어 가기 힘들기 때문이에요.

그럼 좋은 주제는 어떻게 정할 수 있을까요? 바로 친구와 토론할 수 있는 문제를 주제로 정하는 거예요. 예를 들면 '선생님은 모든 애들을 다 예뻐해야 할까?', '선생님은 미운 학생이 있을 때 어떻게 할까?' 등의 의문문을 주제로 정하고 토론하는 거지요.

그럼 다음 주제를 보고 물음여행을 읽어 보세요. 물음여행을 쓰는 법은 조금 뒤에 알아볼 거예요.

주제 : 분말형 손난로는 왜 열이 날까?

물음여행
> 분말형 손난로 속에는 철이 들어 있다고 하는데,
> 철이 무슨 역할을 하는 건 아닐까?

아니면 겉포장지가 열을 내는 것일까?

만약 겉포장지가 열을 낸다면, 철을 왜 넣는 것일까?

혹시 철이 겉포장지와 반응하는 것은 아닐까?

철은 과연 무엇이랑 반응을 할까?

참, 분말형 손난로는 흔들어야 열이 나는데 그 이유는 무엇 때문일까?

손난로를 흔들면 철이 무엇과 반응하는 건 아닐까?

겉포장지는 보통 헝겊으로 되어 있던데 꼭 헝겊으로 만들어야 할까?

헝겊은 공기가 통하니까 혹시 공기랑 반응하는 건 아닐까?

추운 날씨에는 사람들이 손난로를 흔들고 있는 모습을 볼 수 있어요. 손난로는 흔들면 열이 나서 손을 따뜻하게 해 주지요. 그래서 '손난로가 왜 열이 날까?', '어떤 원리가 숨어 있기에 그런 걸까?' 하고 궁금증이 생겼어요. 그리고 계속 꼬리를 물고 물음을 던져서 열이 나는 원인을 찾고 있어요.

이처럼 주제를 정할 때는 구체적으로 정하고 특히 자신의 생활 속에서 직접 경험한 것에서 궁금증을 찾아 주제로 정하는 것이 좋답니다.

도전! 나도 쓸 수 있다

다음의 보통 일기를 읽어 보고 내용에 어울리는 주제를 정해 보세요.

도전1

과학이란 단어를 사전에서 찾아보니 '보편적인 진리나 법칙의 발견을 목적으로 한 체계적인 지식'이라고 쓰여 있었다. 사전에서 과학이라는 단어를 찾아 본 이유는 내 꿈이 과학자이기 때문이다.
이 말대로라면 과학을 잘하려면 체계적인 지식을 쌓는 공부를 하면 될 것 같다. 근데 많은 사람이 도전하지만 몇 사람만 과학자가 되니 아무나 할 수 있는 직업은 아닌 것 같다. 좋아하는 것을 열심히 하면 누구나 성공할 수 있다고 선생님께서 말씀하셨다.
나도 과학을 계속 좋아하면 과학자로 성공할 수 있을 것이다.

주제

_____
_____

도전2

세종 대왕은 장영실을 좋아했다. 그런데 왕이 타고 다니는 연이 부서지자 장영실에게 곤장을 치라고 했다. 왜냐하면 그 연을 장영실이 만들었기 때문이다. 나는 연을 부러뜨린 것은 장영실의 잘못이 아니라 세종 대왕의 잘못이라고 생각한다. 내가 세종 대왕이라면 80대씩이나 때리지 않았을 거다. 곤장을 때리지 않고 그냥 장영실을 옥에 가두어서 반성하게 했을 것이다. 그런데 세종 대왕은 원해서 그런 게 아니라 장영실을 시기하는 사람들 때문에 그랬을 것이다. 세종 대왕은 왕이니까 왕 마음대로 하면 되었을 텐데 왜 그렇게 하지 않았는지 이해가 안 간다. 그리고 왕이니까 신하들에게 장영실의 공이 많으니 용서해 주라고 했으면 됐을 텐데……. 장영실은 많이 억울했을 것 같다.

주제

_____

_____

72

도전3

선생님은 만날 성실이 중요하다고 말씀하신다.
매일 성실하라고 자꾸 강조하시는데 공부는 못해도
성실하면 성공하는 것인지 궁금하다.
선생님은 성실함이 인생의 길을 바꿀 수도 있다고 하셨는데
성실하면 공부를 잘 할 수 있다는 뜻으로 들렸다.
성실하면 공부도 잘하게 될 것 같다. 그리고 성실하면
지혜로운 사람이 될 수 있다고도 하셨다. 그런 말씀을
하신 걸 보면 우리 선생님도 지혜롭고 성실하셔서
선생님이 되신 것 같다. 모든 사람이 성실하게 살면
선생님 같은 좋은 직업을 갖게 되겠지?
나도 이번 방학에는 계획을 잘 세워 성실하게 살아야지.

주제

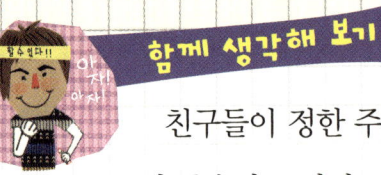

친구들이 정한 주제를 살펴보아요. 그리고 어떤 점이 좋은지도 알아보아요.

도전1 과학을 잘 하려면 어떻게 해야 할까?

주제가 과학인 것은 분명해요. 그런데 과학자와 과학이 자꾸 반복되어 나와서 어떤 것에 더 중점을 두었는지 애매모호한 내용이네요. 주제를 정하기가 어려운 내용이었는데 잘 찾은 것 같아요. '과학자가 되려면 어떻게 해야 할까?'라는 주제와도 어울리는 내용이에요.

도전2 세종 대왕은 왜 장영실을 때린 것일까?

일기 내용으로 보니 책을 읽고 쓴 것 같아요. 그중에서도 세종 대왕이 타고 다니던 가마인 연이 부러져서 장영실이 곤장을 맞는 것에 대해 썼네요. 내용을 좁혀서 집중적으로 쓴 점이 좋았어요. 하지만 이 주제보다 조금 더 잘 어울리는 주제는 '세종 대왕이 신하들 말만 듣고 장영실을 때린 것은 잘한 일인가?'예요.

도전3 공부를 못해도 성실하면 성공할까?

학교에서 교훈이나 급훈으로 많이 쓰는 성실을 주제로 쓴 일기군요. 선생님 말씀을 귀담아들은 내용들이 곳곳에 많이 있네요. 그리고 앞으로 어떻게 할 것인지에 대한 각오도 담겨 있어요. 그런데 주제는 썩 잘 어울리지 않는 느낌이에요. '성실한 사람은 지혜롭다고 할 수 있을까?'라는 주제로 정하면 어떨까요?

 ## 꼭 물음표가 이어져야 하나요?

 물음표 일기를 영어로는 'Question Parade Diary'라고 써요.

물음표 일기 속에서 질문이 계속 이어지는 모양이 마치 물음표들이 줄을 맞춰 행진하는 모습과 같아서 퍼레이드(Parade)로 비유한 것이에요.

물음표 일기에서는 물음여행이 보통 일기의 내용에 해당돼요. 따라서 물음여행을 잘 쓰는 비법은 물음표가 줄을 맞춰 행진하는 것처럼 이어지게 쓰는 것입니다.

물음여행은 주제에 맞고 서로 연결되는 가까운 물음들끼리 모아 놓은 다음, '그리고', '그런데', '또는', '그렇다면' 등의 이어 주는 말을 이용해서 물음들이 서로 이어지게 쓰면 돼요. 맨 처음 궁금했던 주제의 답을 추리해 가면서 물음을 이어 간다면 매우 훌륭한 물음여행이 될 거예요.

주제

나는 왜 슈렉 영화를 보러 갔을까?

물음여행

나는 왜 슈렉을 보러 갔을까?

새로 나온 영화라서 그런 걸까?

아니면 그냥 보고 싶어서일까?

새로운 영화를 보고 싶어서 보았다면 다른 새로운 영화는

왜 안 봤을까?

다른 영화들은 재미가 없어서일까?

아니면 우리들에게 도움이 안 되는 재미없는 영화라서 그럴까?

슈렉 영화를 봐서 나는 만족스러웠나?

여전히 내용을 기억하고 있으니까 만족한 것이 아닐까?

이 물음표 일기는 그냥 물음들을 쭉 늘어놓고 있어요. 그래서 주제와 내용이 동떨어진 느낌이 들지요. 앞에서 말했듯이 주제는 구체적으로 쓰는 게 좋아요.

만약 '슈렉은 좋은 영화일까?'라는 주제였다면 더 많은 물음들이 나왔을 거예요. 그러니까 주제를 정할 때 한 번 더 생각해 보는 것도 잊지 마세요.

그리고 자기 생각을 물 흐르듯이 자연스럽게 이어 쓰는 것이 좋아요. 그래야 같은 물음이 나오지 않을 뿐더러 억지로 만들지 않아도 되지요.

그럼 다른 물음여행도 살펴볼까요?

주제
언니는 왜 나를 무시할까?

물음여행
내가 어려서일까, 미워서일까?
언니는 왜 나를 좋아할 때도 있고 싫어할 때도 있을까?
그때마다 기분이 달라서일까?
내가 하는 행동이 달라서일까?
언니는 무조건 자신의 행동이 옳다고 생각할까?

엄마도 언니 생각이 옳다고 생각할까?

언니는 왜 잘난 척을 할까?

나이가 많아서일까, 언니가 원래 착하고 똑똑하고

예뻐서일까?

언니는 나 같은 동생을 두어서 행복할까?

그래도 하나밖에 없는 동생이니 행복하지 않을까?

언니는 오빠가 있었다면 좋겠다는데 그 말이 진심일까?

그냥 나를 놀려 주려고 장난으로 한 말일까?

언니는 왜 제멋대로일까?

언니는 왜 나를 귀여워해 주지 않을까?

내가 얼굴이 귀엽게 생기지 않아서일까?

    일상생활에서 느낄 수 있는 주제를 잘 정한 것 같아요. 물음도 많았고요. 그런데 물음이 대체로 짧아서 아쉽네요. 물론 짧다고 나쁜 것은 아니지만, 짧은 물음들이 뚝뚝 끊어지는 것처럼 보이고 물음과 물음을 이어 주는 말이 거의 보이지 않아요.

    예를 들어 '언니는 왜 잘난 척을 할까? 나이가 많아서일까? 아니면 언니가 원래 착하고 똑똑하고 예뻐서일까?'처럼 중간에 이어 주는 말을 넣으면 더 자연스럽게 연결되지요.

도전! 나도 쓸 수 있다

아래의 주제로 물음여행을 떠나 보세요. 주제에 대해 크고 넓은 물음부터 시작하여 결론에 다가갈 수 있도록 점점 좁혀 가며 물음을 이어가 보세요. 우선 다섯 개의 물음만 써 보고 잘 쓰여진 물음여행과 비교해 보세요.

도전1

주제

엄마는 나와 동생을 똑같이 사랑하실까?

물음여행

1.
2.
3.
4.
5.

도전2

주제

공부를 꼭 해야 할까?

물음여행

1. _____
2. _____
3. _____
4. _____
5. _____

도전3

도전 1과 도전 2에서 쓴 물음여행 중 1개를 골라 뒷부분을 이어 써서 물음표 일기를 완성해 보세요.

_____
_____
_____
_____
_____

함께 생각해 보기

친구들이 쓴 물음여행을 살펴보아요. 그리고 어떤 점이 좋은지도 알아보아요.

도전1
1. 엄마는 나와 동생을 똑같이 사랑한다고 말씀하시는데 난 왜 그 말씀이 믿어지지 않을까?
2. 엄마께서 평소에 거짓말을 많이 하셔서 그럴까?
3. 아니면 내가 보기에 동생을 더 생각하는 것처럼 느끼기 때문일까?
4. 그렇게 느끼는 건 지난번에 동생보다 나를 더 혼냈기 때문일까?
5. 그런데 내가 동생보다 크니까 더 혼나는 것은 공평하다고 할 수 있을까?

> 주제에 대해 자신의 경험을 바탕으로 물음여행을 잘 시작하고 있어요. 그리고 동생과 자신의 상황을 비교하면서 물음을 이어 나가고 있네요. 이렇게 물음여행을 떠난다면 근사한 물음표 일기를 완성할 수 있을 것 같아요.

도전2
1. 학생들은 모두 공부를 하는데 왜 하는 걸까?
2. 8살이 되면 왜 모두 초등학교에 가서 공부를 해야 할까?
3. 중학교, 고등학교, 대학교까지 가서도 공부를 하는데 꼭 그렇게 오랫동안 공부를 해야 하는 걸까?
4. 배울 게 많아서 그런 걸까?

물음표 일기의 구성

5. 그렇다면 왜 그렇게 배울 게 많은 걸까?

'공부를 꼭 해야 할까?'라는 주제는 많은 고민이 필요하고 어려운 주제예요. 그런데 언제 공부를 시작하는지에서부터 물음을 시작하고 왜 공부를 하는지에 대해 물음을 잘 이어 가고 있어요.
하지만 자칫 잘못하면 주제와 상관없는 내용으로 이어질 수 있으니까 주의해야 해요.

도전3 각자 좀 더 해 보세요.

현식이가 물음여행을 쓰며 알아낸 것

1. **수학을 언제부터 싫어했을까?**
   2학년 말에서 3학년 수학 시작할 때부터인 것 같다.

2. **왜 수학이 싫어졌을까?**
   덧셈, 뺄셈, 곱셈까지는 쉬워서 재미있었는데 나눗셈이 나오면서 어려워져서 점점 싫어졌다.

3. **무엇 때문에 수학 공부를 하지 않게 되었나?**
   분수 때문이다. 분수 계산은 나눗셈을 잘해야 하기 때문에 어렵고 많이 틀렸기 때문이다.

나도 명언을 만들 수 있나요?

오늘의 명언 드디어 물음표 일기의 마지막을 장식하는 오늘의 명언 코너까지 왔어요. 하지만 아직 끝난 게 아니니까 긴장을 풀지 말고 마무리 잘하도록 해요.

명언은 훌륭한 교훈이 담긴 말이에요. 그래서 명언은 남이 알아볼 수 있도록 정확하게 쓰고, 또 길지 않고, 누가 봐도 공감할 수 있게 써야 하지요. 왜냐하면 나중에 사람들이 기억하는 훌륭한 말이 될 수도 있기 때문이에요.

물음표 일기에서 명언은 처음 정한 주제의 답이에요. 그러니까 물음여행이 끝나는 도착지이고, 결론이 되는 셈이지요.

그럼 다음 물음여행을 읽고 명언을 잘 찾았는지 살펴보아요.

주제
왜 엄마는 동생 편만 들까?

물음여행
왜 동생은 아주 살짝 때렸는데도 엄청 아픈 것처럼

크게 울어 대는 것일까?

그럴 때마다 엄마는 왜 무조건 동생 편만 드는 걸까?

내가 설명하려고 해도 듣지 않고 나만 혼내는 이유가 뭘까?

"동생은 어리니까 네가 참아야지!"라며 만날 나보고만 참으라는데 이것은 불공평한 것 아닐까?

무조건 언니가 참아야만 하는 이유라도 있는 것일까?

동생은 내가 엄마한테 혼나는 것이 좋기만 할까?

동생도 나한테 조금은 미안한 마음이 들기는 하는 걸까?

엄마도 동생이 더 잘못했다는 것을 알지만 나를 더 혼내는 이유가 뭘까?

우리 둘이 사이 좋게 지내라는 뜻일까?
아니면 동생이 어리니까 보호해 주라는 뜻일까?
만약 다른 애들이 내 동생을 때리면 나는 '고소하다'고 생각할까? 아마 빨리 뛰어가 동생을 보호하려고 하겠지?
그럴 때 내 마음과, 날 혼내고 동생을 감싸는 엄마 마음은 같은 것일까?
그렇다면 동생 편만 드는 엄마를 이해해야 하는 걸까?

오늘의 명언

동생은 나보다 나이가 어리기 때문에 돌봐 주어야 한다.

처음에는 엄마에게 불만이 많았는데 물음표 일기를 통해 엄마를 이해하게 됐어요. 왜 엄마가 동생 편을 드는지 엄마의 입장에서 생각해 보고는 깨닫게 된 거지요.

가족이란 매일 한 집에서 자고, 먹고, 놀고, 대화하는 제일 가까운 소중한 사람이에요. 그러니까 동생이 잘못을 해도 잘 몰라서 그러는구나 하고 이해하고 돌봐 주어야 하는 거예요. 따라서 이 명언은 아주 멋지군요.

이처럼 오늘의 명언은 비록 내 물음표 일기의 결론이지만 다른 사람들이 보아도 공감이 가고 배울 만한 교훈이 담긴 말이라야 더욱 훌륭한 명언이라고 할 수 있어요.

 이제 물음표 일기를 쓰는 방법을 모두 알아보았어요. 여러분도 오늘 한 일들을 떠올려 보고 가장 궁금했던 물음을 정하세요. 그리고 지금부터 자신에게 물음을 던지면서 물음표 일기를 써 보는 거예요.

도전! 나도 쓸 수 있다

다음 물음여행을 읽고 어울리는 오늘의 명언을 만들어 보세요.

도전1

주제
빼빼로 데이는 필요할까?

물음여행
빼빼로 데이는 어디서 시작되었을까?
여학생들이 11월 11일에 날씬해지라는 의미에서
초콜릿 과자를 선물하는 것에서 유래되었다는데 사실 알까?
과자 회사에서 그 소문을 듣고 빼빼로 데이를 만든 것도
사실 알까?
그런데 빼빼로 데이가 꼭 필요한 것일까?
왜 자꾸 빼빼로 데이 같은 새로운 기념일이 생기는 걸까?
왜 많은 사람들이 빼빼로를 사서 주고 받을까?
다 먹지도 않는 걸 왜 사서 돈을 낭비하는 것일까?
가까운 친구나 가족만 주면 되지 않을까?

빼빼로를 받지 못해서 소외감을 느끼는 애들도 있지 않을까? 그리고 빼빼로를 먹고 알레르기나 아토피에 걸리는 사람도 있다는데 빼빼로 데이는 차라리 없는 게 좋지 않을까?

오늘의 명언

도전2

주제

생일파티를 꼭 해야만 할까?

물음여행

생일이란 자신이 태어난 날인데, 나를 낳으시느라 고생하신 건 부모님이니 오히려 부모님께 효도해야 하는 날이 아닐까?

그럼 내가 부모님께 선물을 드려야 하는 건 아닐까?

그리고 생일파티를 하면 돈이 많이 드니까 오히려 부모님께 부담을 드리는 건 아닐까?
그렇다면 굳이 생일파티를 해야 할까?
부모님께서는 생일을 축하하는 의미로 생일파티를 열어 주는 거겠지?
그렇다면 나도 부모님께 고마움을 전해야 할까?
그냥 '낳아 주셔서 감사합니다.'라고 하면 되는 것일까?

오늘의 명언

친구들이 쓴 명언을 살펴보아요. 그리고 어떤 점이 좋은지, 더 훌륭한 명언이 있는지도 알아보아요.

도전1 모든 것에는 장점과 단점이 있고, 어떻게 하느냐에 따라 결과가 다르다.

 이 물음표 일기의 주제는 '빼빼로 데이는 필요할까?'예요. 물음여행을 쭉 따라가 보니 이 물음표 일기를 쓴 사람은 빼빼로 데이는 장점보다 단점이 많으니 별로 필요가 없다는 입장인 것 같아요. 그렇다면 스스로 생각하는 결론을 구체적으로 쓰는 게 좋겠어요. 꼭 들어가야 할 중요 단어들은 넣어야 하고요. 이런 명언들이 어울리지 않을까요?
'쓸모없는 기념일은 지킬 필요가 없다.'
'단점이 많은 날은 기념일이 아니다.'
'모두에게 이익이 되는 날이 진짜 기념일이다.'

도전2 부모님께 효도하라.

뜻은 참 좋지만 너무 흔한 말이라서 아쉬운 명언이네요. 그리고 무엇보다도 주제와 맞지 않아요. 내용을 보니까 생일파티는 부모님께 부담을 드리기 때문에 안 하는 것이 좋다는 의견인 것 같은데 그런 자기 생각이 담긴 명언이 좋을 것 같아요.
'생일 파티보다 부모님께 큰절 해라.'
'생일 파티의 주인공은 부모님이시다.'
'생일 파티는 부모님께 효도하는 마음을 키우는 자리이다.'

**선배들이 들려주는
물음표 일기의 효과**

민사고 합격의 영광을 안겨 주다
– 민족사관고등학교 2학년 강희구

안녕하세요. 저는 민족사관고등학교에 다니고 있는 강희구입니다.

저는 초등학교 1학년 때 처음 '물음표 일기'를 썼어요. 그리고 지금까지도 꾸준히 쓰면서 점점 사고의 깊이가 깊어지고 생각의 폭과 시야가 넓어지는 걸 느낄 수 있었어요. 남들이 무심코 지나치고 관심을 가지지 않는 것도 유심히 살펴보게 된 것이지요.

중학교 1학년 때 서울시 탐구보고서 발표대회에서 집에서 키우던 열대어에 관한 연구로 대상을 받았던 일이 떠오릅니다. 억지로 생각해 낸 주제가 아닌 평소에 궁금했던 주제로 탐구보고서를 쓰고, 연구를 진행해 나갔어요. 그리고 스스로 문제를 제기하고 혼자 힘으로 연구했다는 점을 높게 평가받아 대상을 거머쥐게 된 것이지요.

물음표 일기의 고마움은 그저 의문을 많이 갖게 해 주는 데 그

치지 않습니다.

질문의 행진(Question Parade)을 통해 논리적이고 합리적인 사고를 하게 되고, 무한한 상상력과 창의력을 발휘할 수 있게 되어 400쪽이나 되는 장편 영어 소설을 쓰기도 했지요. 물음표 일기를 쓰지 않았다면 불가능한 일이었을 거예요.

물음표 일기는 질문으로 시작하여 질문으로 끝납니다. 의문을 가지고 그 의문을 풀어 나가는 과정에서 또 다른 의문이 생겨나는 식이지요. 처음에는 글로만 써 왔던 질문이 어느새 나의 인생 속으로 들어와 나를 도와주고 있었어요. 그리하여 민족사관고등학교 합격이라는 영예를 안겨 준 것이지요.

여러분도 물음표 일기를 통해 점점 발전해 나가는 자신의 모습을 발견하기를 간절히 바랍니다.

물음표 일기의 효과

"무한한 상상력과 창의력을 길러준다."

언어 영역의 고수가 되다

― 대원외국어고등학교 2학년 김수현

안녕하세요. 대원외국어고등학교 김수현입니다.

'?'

이것은 단순한 문장 부호가 아닙니다. 물음표는 우리의 생각이 확장될 수 있도록 도와주는 놀라운 도구입니다.

우리는 어떤 주제에 대해 생각할 때 '이건 이렇게 되면 안 될까? 그건 왜 그런 거지? 어떻게 하면 이 상황을 해결할 수 있을까?'라는 식으로 질문을 이어 나갑니다. 그리고 이 물음표를 계속해서 던질 수 있는 나만의 장소가 바로 물음표 일기입니다.

제가 물음표 일기의 도움을 크게 받았던 시기는 대원외국어고등학교에 들어가기 위해 시험을 준비할 때입니다. 그중에서도 특히 도움을 받은 것이 언어 영역입니다. 언어 영역에서도 문학, 그중에서도 시는 심화된 사고력이 필요하기 때문에 모든 외국어고등학교 입시 준비생들이 굉장히 싫어하는 영역입니다. 시를 해석하기 위해서는 작가의 입장이 되어서 작품을 바라보는 능력이 필요합니다. 작가가 되어 시를 바라보아야 작가가 무엇을 표현하려 했는지 정확하게 집어낼 수 있기 때문입니다. 이때 필요한 것이 바로 물음표입니다.

　이렇게 연속적으로 물음을 제시하고 그 물음을 해결하기 위해 자료도 찾아보면서 나는 시 영역을 자연스럽게 이해할 수 있었습니다. 그리고 물음표 일기를 통해 조금씩 쌓아 온 문제 해결력과 문제 분석력이 큰 도움이 되어, 바라던 대원외국어고등학교에 합격하게 되었습니다.

　만약 누군가가 '어떻게 하면 언어 영역을 잘할 수 있을까?' 하며 고민을 한다면 저는 망설임 없이 물음표 일기를 추천할 것입니다.

물음표 일기의 효과

"문제 해결력과 분석력을 길러준다."

숨겨진 재능을 빛나게 해 주다

— 청주여자고등학교 1학년 김유진

안녕, 난 원평중학교 김유진이야.

나는 중학교 1학년 겨울 방학 때 처음으로 물음표 일기를 시작했으니 좀 늦었다고 할 수 있어. 내가 좀 더 일찍, 그러니까 초등학교에 입학했을 때부터 시작했더라면 다양하고 창의적인 생각을 할 수 있는 능력이 지금보다 훨씬 높아졌을 텐데 하는 아쉬움이 있어. 그래도 달라진 내 모습을 보면 늦게라도 시작할 수 있었던 게 다행이라는 생각이야.

물음표 일기는 짧은 시간에 효과를 볼 수 있는 게 아니라고 생각해. 물론 개인마다 다르겠지만, 궁금증을 글로 옮기는 능력과 일상적인 것들에 대해 유심히 관찰하고 궁금증을 갖는 일이 차곡차곡 쌓였을 때 비로소 달라진 자신의 모습을 발견할 수 있지. 그러니까 너무 조바심 내면 안 돼.

나는 중학교 3학년이 되고 나서야 그걸 깨닫게 되었어. 중학교 2학년 겨울 방학 때까지는 나름 1년 동안 열심히 물음표 일기를 써 왔지만 그다지 변하는 게 없다고 생각했거든. 그런데 3학년에 올라가자마자 효과가 나타나기 시작했어. 한 학기 동안에만 상을 9개씩이나 받았거든. 우리 도에서 6명밖에 받지 못하는 교육감상도 받았고, 과학보고서 최우수 교육장상, 교내 발명 아이디어 최우수상, 통일글쓰기 최우수상도 받았어.

내가 받은 상의 공통점이 몇 가지 있는데 첫 번째는 글쓰기와 관련된 상을 많이 받았다는 것이고, 두 번째는 발명 아이디어나 과학 등에서 우수한 성적을 거둔 거야. 두 분야에서 모두 좋은 성적을 낼 수 있었던 것은 모두 물음표 일기 덕분이야. 특히 과학 시간만 되면 질문을 많이 해서 '궁금증 도사'라는 별명도 얻게 되었어. 물음표 일기 덕분에 완전히 달라진 거지.

어느새 물음표 일기는 나에게 없어서는 안 될 소중하고 멋진 보물이 되었어. 물음표 일기를 알게 된 게 너무 기쁘고 앞으로도 쭉 써 나갈 거야. 내 미래를 위해서 말이야.

물음표 일기의 효과

"좋은 성적을 거두게 도와준다."

과학 영재의 길로 이끌다

- 한성과학고등학교 1학년 정윤희

안녕하세요. 성산중학교 정윤희입니다.

저는 교육청에서 운영하는 과학 영재에 뽑혀 제가 좋아하는 과학 실험과 연구를 했었어요.

'모든 것은 깨질 때 소리가 난다. 그렇다면 혹시 세포 분열할 때도 소리가 나지 않을까?'

'그 소리는 세포의 종류마다 다르겠지?'

'그렇다면 암세포는 정상 세포와 달리 분열하거나 증식할 때 독특한 소리를 내지 않을까?'

'그렇다면 고도의 전자 청진기가 있다면 조기에 암을 간단히 진단 할 수 있지 않을까?'

이 물음은 앞으로 제가 연구해야 할 분야이자 과제예요.

물음표 일기 덕분에 연세대학교 과학 영재원을 2년째 다니고 있지만, 가끔 '내가 정말 과학을 잘하는 것일까? 나는 다른 분야에도 소질이 있는데, 단 한 번의 선택으로 이 진로를 계속 밀고 나가도 되는 것일까? 라는 고민을 하곤 하지요. 하지만 그때마다 물음표 일기를 쓰면서 정리해 보면 점점 내 선택이 옳았다는 확신이 듭니다.

나중에라도 절대 후회하지 않을 거예요. 물음표 일기를 통해서 나를 반성할 수도 있고, 또 다른 나를 찾을 수도 있기 때문입니다. 설사 나중에 이 길이 아니라 해도 그동안 최선을 다했기 때문에 무엇이든 해낼 자신감과 능력이 쌓일 거고요.

그래서 저는 오늘도 열심히 공부하고, 하루를 정리하면서 의문 나는 일들은 모두 다 물음표 일기에 담아 두고 있어요. 스스로 문제를 해결하고 결론을 내야 한다면 반드시 물음표 일기와 대화를 나눠 보세요. 아마도 아주 훌륭한 결론을 얻을 거예요.

끝으로 책을 읽을 때도 물음표를 많이 떠올리세요. 생각할 것도 많아지고 생각도 깊어지며, 전체 내용이 쉽게 파악되고 책의 장단점을 파악할 수 있는 눈을 가질 수 있거든요.

잊지 마세요. 책을 읽을 때도 물음표 생각하기!

물음표 일기의 효과

"최선의 선택을 할 수 있게 한다."

제3장

친구들이 쓴
물음표 일기

일상 생활

작은 고모는 왜 이사를 했을까?

불광초등학교 2학년 김설아

😊 날짜

2009년 십일 월의 일곱 번째 날이고 첫 번째 토요일

🦖 날씨

가을 다음엔 겨울이 와야 하는데 겨울은 왜 안 오고 봄이 오려는 걸까? 봄볕처럼 따뜻한 햇볕이 비추고 바람이 살랑살랑 부는 예쁜 날씨.

🎯 3줄요약

1. 작은 고모께서 이사를 하셔서 아빠, 엄마랑, 동생들과 같이 집들이를 갔다.
2. 고모의 새집은 우리 집보다 깨끗하고 넓어서 좋았다.
3. 그런데 고모가 왜 갑자기 이사를 했는지 궁금했다.

주제

작은 고모는 왜 이사를 했을까?

물음여행

작은 고모는 왜 이사를 했을까?

전에 살던 집이 네 식구가 살기 좁아서 그랬을까?

그래서 식구들이 같이 있기 불편했던 걸까?

그런데 고모는 왜 처음에 그런 좁은 집에서 살았을까?

아! 원래는 좁은 집이 아니었는데 물건들이 많이 생겼기 때문에 좁아진 게 아닐까?

그럼 왜 물건이 많아졌을까?

고모부가 사업을 하다 보니 회사에서 물건을 많이 가져왔기 때문일까?

그것도 아니면 혹시 사촌 언니와 사촌 오빠의 몸집이 커져서 집이 좁게 느껴진 것일까?

그게 아니면 생활에 필요한 물건들이 많아졌기 때문일까?

아마도 세 가지 이유가 다 맞겠지?

그럼 고모는 큰 집으로 이사를 가서 기분이 좋을까?

큰 집으로 이사를 가면 행복할까?

아니면 관리비가 비싸니 불행할까?

혹시 몇 년 뒤에 고모네는 또 이사를 하게 될까?

집이 얼마나 커야 이사를 가지 않을까?

오늘의 명언

이사를 가는 이유는 집이 좁기 때문이다.

나는 왜 묵찌빠를 하자고 했을까?

산성초등학교 4학년 차재욱

😊 날짜

이천구 년 팔 월 십삼 일, 목요일

🌙 날씨

날이 너무 더워서 도저히 슈퍼를 들리지 않고선 참을 수가 없었던 날. 그래서 내 주머니가 빈털터리가 된 날. 대신 시원하고 달콤한 아이스크림이 내 입으로 들어온 날. 그래도 덥다.

🟢 3줄요약

1. 아침에 동생이랑 묵찌빠 내기를 했는데 내가 졌다.
2. 그래서 나는 동생 침대까지 정리하게 되었다.
3. 나는 왜 동생에게 묵찌빠 내기를 하자고 했는지 곰곰이 생각해 보았다.

🏠 주제

나는 왜 묵찌빠를 하자고 했을까?

❓ 물음여행

나는 왜 아침에 동생에게 묵찌빠를 하자고 했을까?

동생이 묵찌빠를 못하니까 이겨서 동생을 시켜 먹으려고 그런 거겠지?

그런데 왜 나는 이기지 못한 걸까?

운이 나빠서 그런 걸까?

그렇다면 왜 운이 나빴을까?

동생을 부려 먹으려는 나쁜 마음 때문일까?

그런데 왜 나는 동생을 부려 먹으려고 했을까?

정리하는 것이 귀찮아서 그랬겠지?

그러면 정리하는 것이 왜 귀찮을까?

침대를 정리할 때 먼지가 많이 나서일까?

그런데 왜 침대에 먼지가 많은 걸까?

내가 잠옷으로 갈아입지 않고 더러운 옷을 입은 채로 그냥 자서 그런 거겠지?

그런 침대를 동생에게 정리시키려고 했으니 벌을 받아서 묵찌빠에 진 거겠지?

그렇다면 앞으로 어떻게 해야 할까?

침대를 깨끗이 쓰고 내 침대는 내가 정리해야겠지?

가끔 동생 침대를 정리해 주면 동생도 내 침대를 정리해 주지 않을까?

오늘의 명언

남에게 시키려고 하지 말고 자기 일은 스스로 하자.

일상 생활

나는 왜 스튜어드가 되려고 하는가?

창신초등학교 6학년 이승은

😊 날짜

천구백구십칠 년생인 나의 초등학교 마지막 빼빼로데이 다음 날

🧑‍🚀 날씨

바람이 많이 불어서 눈에 모래가 들어가고 입에도 들어가서 모래가 씹혔다. 그것도 모자라 나무에 있던 나뭇잎들을 다 날려 버린, 난생처음 본 허리케인과 같은 바람이 요동치는 날씨.

🎯 3줄요약

1. 나는 4학년 때부터 스튜어드가 되겠다는 꿈을 가졌다.
2. 다른 사람들이 비웃었지만 나는 내 장래 희망을 꿋꿋하게 지키고 있다.

3. 나는 왜 스튜어드라는 꿈을 이루려는지 궁금하여 물음표 일기를 쓴다.

🎒 주제

나는 왜 스튜어드가 되려고 하는가?

❓ 물음여행

나는 왜 스튜어드를 장래 희망으로 선택했을까?

엄마는 스튜어드가 멋져 보여서 내가 그런 꿈을 정한 것이라고 하시는데 정말 그럴까?

나는 많은 나라들을 여행하고 싶어서 그런 것인데, 왜 내 마음을 몰라주는 것일까?

그렇다면 나는 여행하기 위해서 스튜어드가 되려는 것일까?

여행 때문이라면 여행사 직원도 있는데 왜 꼭 스튜어드가 되려고 하는 것일까?

나는 다른 사람들을 도와주면 기분이 좋아지던데 혹시 그것 때문에 그런 건 아닐까?

비행기에서 다른 사람들의 가방도 들어 주고, 밥도 날라 주고, 승객들의 안전을 위해 일하는 것이 좋아서 그런 건 아닐까?

남들은 그런 일이 남의 짐짝이나 들어 주는 하찮은 직업이라고 하는데 그 말이 맞는 것일까?

어째서 남을 돕고 내가 좋아하는 여행도 다니고, 돈도 버는 것이 하찮은 직업이란 말인가?

무거운 짐을 나르는 것은 여자보다 오히려 남자에게 더 어울리지 않는가?

누가 뭐래도 내가 좋아하고 보람을 느낄 수 있는 일이라면 그것이야말로 내게 딱 맞는 직업이 아닐까?

오늘의 명언

나의 꿈에 '왜'라는 질문을 던져 보라.
그러면 그 꿈이 더 크게 보일 것이다.

첫 세계 대회를 잘 치르려면 어떻게 해야 할까?

민족사관고등학교 2학년 강희구

😊 날짜

2009년 우리 한민족이 광복을 맞이하여 새로운 해를 맞이한 흙의 날

🦖 날씨

구름이 많이 끼었지만 그 사이로 내리쬐는 햇빛이 상당히 아름다운 날이다. 이런 날에 비행기를 타고 구름 위를 날아가면 기분이 좋을 것 같다. 바람도 적당히 불어서 신선하다. 지구 반대편의 날씨는 어떨까?

◉ 3줄요약

1. 제1회 한국 물 포럼 보고서 공모전에서 대상을 받아서 대한민국 대표로 뽑혔다.

2. 그래서 스웨덴 스톡홀름에서 열리는 세계 'Stockholm Water Week'에 참석하게 되었다.
3. 어떻게 하면 대회도 성공적으로 마치고 29개국의 친구들과도 잘 어울릴 수 있을지 고민이다.

🔲 주제

첫 세계 대회를 잘 치르려면 어떻게 해야 할까?

❓ 물음여행

나의 발길이 닿지 않은 곳, 그곳 스웨덴 스톡홀름으로의 앞으로의 여정이 쉽지만은 않을 텐데, 이미 나 스스로 던진 도전장이니 잘 끝내야 하겠지?

말로만 듣던 '세계의 친구'들이 모이는 그곳에서 한국인으로서의 입지를 굳건히 하려면 어떻게 해야 할까? 뭔가 특색 있는 것을 가져가야 하지 않을까?

문화적인 것뿐만 아니라 내 연구도 문제인데, 대한민국 대표라지만 다른 나라 애들이 어떻게 준비해 왔을지 모르지 않는가?

전시해 놓았을 때 내 것만 결함이 가득하고 다른 친구들 것은 완벽하면 어떡하지?

그리고 한국에서는 잘한다고 칭찬받는 나의 영어 실력이 국제적인 무대에서는 아무것도 아니면 어떻게 되는 걸까?

지금은 우리나라 시간으로 새벽 4시가 되는데 잠이 안 오는 이유는 뭘까?

몇 시간 전부터 지속되어 온 긴장 때문이겠지?

그런데 언제까지 이런 긴장감을 느낄 것인가?

이렇게 비행기를 타고 대회장으로 가고 있는 마당에 이제 와서 포기할 수도 없지 않은가?

그리고 이곳에 참가하는 애들도 나와 같은 또래이지 않은가?

게다가 우리 대한민국 학생들의 수학 실력은 세계적인 수준이라고 하지 않던가?

그렇다면 긴장하고 조바심에 떨 필요 없이 제 실력만 발휘하면 되겠지?

오늘의 명언

길고 짧은 건 대봐야 안다.
그러니 미리 겁먹지 말자.

과제를 빨리 끝내려면 어떻게 해야 할까?

산성초등학교 4학년 김민주

☀ 날짜

2009년 8월 둘째 날, 일요일. 언니의 생일이 앞으로 일주일 남았다.

🌙 날씨

해님이 열을 내서 땀이 삐질삐질 나왔다. 모든 아이들이 슈퍼마켓에 갔다. 그리고 냉장고라는 창고 속에서 외로웠던 아이스크림들을 몽땅 데려가 버렸다. 아, 덥다 더워~

🔵 3줄요약

1. 평소에는 계획 없이 그냥 과제를 해서 시간이 오래 걸리고 과제도 제대로 되지 않았다.
2. 이번 일요일에는 목표를 세워 놓고 했더니 빠르고 제대로 끝낼 수 있었다.
3. 목표를 세우고 과제를 하면 어떤 점이 좋기에 그런 결과를 가져왔는지 궁금하다.

🏠 주제

과제를 빨리 끝내려면 어떻게 해야 할까?

❓ 물음여행

왜 이번 일요일에는 과제를 빨리 끝낼 수 있었을까?

평소와는 다르게 목표를 세우고 했기 때문일까?

그렇다면 목표를 세우면 어떤 점이 좋기에 과제를 빨리 끝낼 수 있을까?

목표를 세우면 시간을 낭비하지 않기 때문이겠지?

그렇다면 목표를 세우면 왜 시간을 낭비하지 않게 될까?

목표를 세우면 정해진 시간에 과제를 끝내려고 하기 때문에 그런 것 아닐까?

　평소에는 시간이 더 많은데도 왜 제대로 하지 못했을까?

　그런데 이번에는 시간이 많지 않았는데도 제대로 할 수 있었던 이유는 무엇일까?

　단지 목표가 있고 없고의 차이 때문에 그런 것일까?

　다른 점이라면 평소보다 더 집중했던 것 같은데, 그렇다면 목표가 있으면 집중력이 높아지는 걸까?

　그렇다면 목표가 있으면 왜 집중력이 높아질까?

　목표를 세웠으니 집중해야 한다고 나도 모르게 다짐했기 때문이 아닐까?

　그리고 목표가 분명하고 뚜렷했기 때문이 아닐까?

　결국 내가 오늘 어디까지 무엇을 해야 하는지 확실하게 알고 과제를 했기 때문이 아닐까?

🎲 오늘의 명언

목표를 세워서 공부하라. 그러면 그냥 하는 것보다 훨씬 더 좋은 결과를 얻을 것이다.

왜 열심히 공부해도 시험 결과가 좋지 않을까?

창신초등학교 6학년 임태경

😊 날짜

2009년 11월 마지막 날, 기말시험 D-4

날씨

시험이 얼마 남지 않아 울적한 내 기분을 전환시켜 주려는 듯 그동안 쌀쌀했던 추위가 물러가고 비교적 포근하다. 안개가 자욱하게 껴서 신비로운 느낌이 내게 기운을 주는 것 같았다.

◉ 3줄요약

1. 이번 시험 결과를 보면 시험 며칠 전날 벼락치기 공부를 한 몇 명이 나보다 성적이 좋다.
2. 나도 2주 전부터 나름대로 열심히 시험 공부를 했는데 결과가 안 좋게 나왔다.

3. 무조건 열심히 하면 되는 줄 알았는데 다른 방법이 있는 건지 궁금하다.

주제

왜 열심히 공부해도 시험 결과가 좋지 않을까?

물음여행

벼락치기로 공부한 아이들보다 평소에 공부를 열심히 한 아이들이 더 좋은 점수를 받아야 하는 것이 당연한 것 아닐까?

그런데 왜 노력하지 않은 그들이 높은 점수를 받은 걸까?

순전히 행운으로, 그들이 알고 있었던 문제만 나온 것일까?

아니면 그날 외운 것만 시험에 나온 것일까?

그런데 한 학급에 2~3명이나 되니까 6학년 전체에서 14명, 전 학년에 70명 이상이 운으로 좋은 점수가 나왔다는 얘기가 되는데, 이것은 행운이라고 보기 힘들지 않을까?

그렇다면 남들 앞에서는 공부를 안 하는 척하다가 집에 돌아가서 열심히 하는 건 아닐까?

하지만 학교에서는 공부를 열심히 하지 않고 집에 가서는 열심히 한다는 것이 말이 되는 것일까?

공부는 습관이라고 하니까 속이기는 어렵겠지?

그렇다면 공부를 하지 않는데도 좋은 점수를 받는 아이들과 나의 차이점은 무엇일까?

혹시 수업 시간에 집중을 해서 높은 점수를 받았던 것 아닐까?

그러고 보니 나도 문제집을 열심히 풀고 학원에 다니지만 정작 시험에 나오는 문제들은 수업 시간에 배우는 것에서 나오지 않았던가?

결국 문제를 내는 사람은 학원 선생님이 아니라 학교 선생님이 아니던가?

오늘의 명언

무턱대고 열심히 하기보다는
방향부터 제대로 잡아야 한다.

수학을 잘하려면 어떻게 해야 할까?

개신초등학교 6학년 윤선영

🙂 날짜

이천구 년 한글날 반짝반짝 금요일

 날씨

지금까지 수고하신 해님이 은퇴식을 마치고, 뒤를 이은 바람이 신이 나서 마구 불어댄다. 우리 아파트 앞마당에 있는 나무들이 알록달록한 옷을 채 갈아입기도 전에 바람 때문에 어지럽게 날리던 날.

🦚 3줄요약

1. '모든 아이들이 짜증나고 싫어하는 과목'이라면 금방 '수학'을 떠올린다.
2. 하지만 아이들이 까다롭고 어렵게 여기는 수학은 날이 갈수

록 중요성이 높아지고 있다.

3. 심지어 대학도 수학만 잘하면 간다던데 어떻게 하면 수학을 잘 할 수 있을지 고민이다.

주제

수학을 잘하려면 어떻게 해야 할까?

물음여행

수학을 잘하는 방법으로는 어떤 게 있을까?

국어처럼 책을 읽는다고 성적이 오르는 것도 아닐 테니 어떤 방법으로 수학 성적을 올릴 수 있을까?

먼저 왜 수학을 싫어하는지 원인을 찾으면 되지 않을까? 그래서 그 원인을 없애면 되지 않을까?

그렇다면 나는 왜 수학을 어려워하고 싫어할까?

수학이 갖고 있는 어떤 점 때문일까?

문제를 풀 때마다 복잡한 공식을 외워야 하기 때문은 아닐까?

또 새로운 유형의 문제들이 계속 생겨서 잘 풀지 못하고 헤매기 때문이 아닐까?

이런 원인들을 해결하면 수학 성적이 오르겠지?

그런데 많은 수학 공식을 쉽게 암기할 수 있는 방법은 무엇일까?

공식을 무턱대고 외우기보다는 공식의 원리를 이해한다면 쉽게 잊어버리지 않겠지?

그럼 나중에 여러 가지 변형된 문제를 풀 때도 쉽게 공식을 떠올릴 수 있지 않을까?

만약 스스로 문제를 만들어 보면 어떨까?

내가 출제자라고 생각하고 예상 문제를 내면 오답 노트도 저절로 작성하는 게 되고 자꾸 내다 보면 선생님이 내는 실제 시험 문제와 많이 비슷해지지 않을까?

이렇게 내가 찾은 방법을 연습하고 노력하면 성적도 오르겠지?

오늘의 명언

수학 실력을 높이려면 실전처럼
스스로 예상 문제를 내라!

공부는 왜 하는 걸까?

상산고등학교 1학년 김혜린

 날짜

2009년 고1이 된 지 열 달하고도 마지막 일요일 오후

 날씨

아침저녁으로 시원하게 불던 바람이 어느새 마음을 바꿔 쌀쌀해져, 이제는 소매 속으로 들어오는 바람때문에 소름이 돋는다. 햇살은 따스하여 봄날 같지만 바람은 벌써 초겨울의 냄새까지 몰고 왔다.

3줄요약

1. 고등학생이 된 요즘 학교 생활은 매일 수업이 끝나면 '야간 자율 학습'이 있고 또 끝나면 숙제를 한다.
2. 매일 쳇바퀴저럼 공부만하는 이런 생활이 지부하고 재미없다.

3. 과연 꼭 이렇게까지 공부를 해야만 하는 것인지에 대한 의문이 든다.

🏠 주제

공부는 왜 하는 걸까?

❓ 물음여행

매일 수학 문제를 풀고 영어 단어를 외우고 책을 읽는 것이 나에게 무슨 도움이 되는 것일까?

혹시 공부는 단지 수능을 위한 것일까? 수능을 잘 봐서 좋은 대학을 가는 것이 인생의 전부이고 그것이 바로 공부를 하는 이유인 것일까?

그러면 만약 수능을 망치면 12년 동안 헛수고 한 것이 아닌가?

수능 때문이 아니라면 공부는 왜 하는 것일까? 단순히 지식을 쌓기 위해서?

학생들은 무엇을 위해서 공부를 하고 공부로 인한 스트레스로 우울증에 빠지고 심지어 죽음이라는 극단적인 선택까지 하는 것일까?

훗날 좋은 직업을 얻어서 편안하게 살기 위해서일까?

그런데 공부를 하지 않고도 자신의 적성을 살려서 사는 사람들도 많지 않은가?

　만약 모든 사람들이 공부를 하지 않는다면 어떻게 될까?

　원시 시대에 사냥 기술이나 가죽 옷 만들기 같은 것을 후손들에게 전달하기 위해 가르쳤던 것도 공부라고 할 수 있을까?

　만일 그때 공부를 하지 않았다면 원시 시대는 더 이상 발전하지 않았을까? 그 뒤로 계속 공부(학습)라는 것이 없었다면 근대와 현대까지 발전해 올 수가 있었을까?

　그렇다면 사회를 발전시키기 위함이 공부의 목적인 것일까?

　내가 열심히 공부해야 하는 이유가 이 사회의 발전에 이바지하기 위한 것이란 말인가?

　그러면 나는 그 발전된 사회에서 안정된 지위와 영예를 누리면서 잘살 수 있는 것일까?

　결국 공부를 하는 이유는 나 개인의 발전과 사회의 발전에 기여하기 위한 것일까?

오늘의 명언

공부를 하는 이유는
훗날 발전한 내 모습이 답을 알려 줄 것이다.

시사

왜 대부분의 영화에
폭력적인 장면을 넣을까?

대곡초등학교 4학년 유준호

날짜

2009년 어린이날이 있는 달의 첫 번째 일요일

날씨

따뜻하던 날씨가 점점 더워지고 있다. 그래서 반팔을 입고 싶었지만 엄마는 감기 걸린다고 못 입게 하셨다. 그래서 땀을 많이 흘린 날씨.

3줄요약

1. 어린이날에 영화를 보려는데 모두가 폭력적인 장면이 나오는 영화였다.
2. 그래서 4학년인 내가 볼 만한 영화가 별로 없었다.
3. 폭력적인 장면은 나쁘다는데 왜 영화 만들 때 폭력 장면을

넣는 것인지 궁금하다.

🏠 주제

왜 대부분의 영화에 폭력적인 장면을 넣을까?

❓ 물음여행

왜 대부분의 영화에는 폭력적인 장면이 나올까?

그런 장면을 안 넣으면 영화가 이상해지기 때문일까?

그렇다면 왜 이상해질까?

영화가 액션이 없어서 재미가 떨어진다고 생각하기 때문일까?

그리고 애니메이션 같은 아기자기한 어린이 만화 영화에도 폭력적인 장면이 꼭 나오는데 왜 그런 것일까?

인기를 끌려고 그런 것일까?

아니면 영화 감독이나 작가가 폭력적인 것을 좋아해서 그런 것일까?

인기를 끌려고 그런 것이라면 딴 장면을 넣을 수 있을 텐데 하필이면 왜 좋지 않은 폭력 장면을 넣는 것일까?

감독이나 작가들이 영화가 인기를 끌 만한 다른 것을 개발하지 못해서일까?

아니면 사람들에게 인기를 끌 수 있는 것이 폭력보다 더 좋은 것은 없다고 생각하는 것일까?

영화 감독들도 폭력이 옳지 않다는 것은 알고 있지 않을까?

그렇게 생각하지만 재미있고 인기를 많이 끌 것 같아서 어쩔 수 없이 넣는 것일까?

그런데 옳지 않다고 생각하고도 그렇게 하는 것은 모르고 하는 것보다 더 나쁜 것 아닐까?

오늘의 명언

영화의 진정한 인기는 단순한 재미가 아니라 감동에 있다.

광우병의 치료법은 없는 것일까?

산성초등학교 4학년 김종민

😊 날짜

2009년 2학기가 시작되는 달의 11일. 내일은 이달의 첫 번째 '놀토'다.

🌧 날씨

하늘이 거무스름해지는 게 꼭 대홍수가 날 것 같은 날. 이 비가 그치면 '여름은 이젠 그만!'이 될 것 같다.

🎯 3줄요약

1. 광우병은 뇌에 구멍이 생기는 병으로, 고기 등으로 전염된다.
2. 현재 광우병으로 죽은 사람이 있지만 어떤 치료 방법도 없다고 한다.
3. 과학이 많이 발전했는데 정말 치료법이 없는지 궁금하다.

 주제

광우병의 치료법은 없는 것일까?

물음여행

광우병은 소에게 걸리는 무서운 병으로 그 소고기를 먹은 사람에게도 전염된다고 하는데 치료 방법이 없다는 게 사실일까?

광우병은 뇌에 구멍이 생기는 병이라는데 그렇다면 바이러스가 뇌로 올라가는 것을 막으면 되지 않을까?

어떻게 하면 바이러스가 뇌로 올라가는 것을 막을 수 있을까?

혹시 먹은 소고기를 빨리 소화해서 대변으로 재빨리 내보내면 어떨까?

그렇게 된다면 광우병 바이러스가 뇌로 올라가기 전에 밖으로 내보내니까 막을 수 있지 않을까?

그렇다면 소화가 얼마나 빨라야 할까?

그런데 그렇게 소화를 빨리 시키려면 강제로 해야 할 텐데 위에 무리가 가지 않을까?

그리고 바이러스가 침투하는 시간이 빠르다면 이 방법은 소용없지 않을까?

그런데 음식은 위에서 소화되는데 광우병 바이러스는 왜 위산에 녹지 않는 것일까?

　산에 반응을 하지 않는다면 혹시 염기에는 반응을 할까?

　그렇다고 하더라도 어떻게 위에 염기를 넣을 수 있을까?

　만약 그렇게 한다면 위가 상하지 않을까?

　혹시 열에는 반응을 하지 않을까?

　그렇다면 어느 정도의 높은 온도에 반응을 할까?

　이런 고민도 광우병이 걸리지 않으면 필요 없지 않을까?

　소에게 동물성 사료를 먹여서 광우병이 생겼으니 소에게 동물성 사료를 절대로 주지 않으면 되지 않을까?

　그러면 광우병도 사라지지 않을까?

오늘의 명언

병의 원인을 없애는 예방만이 최고의 치료제이다.

신종플루로부터 내 몸을 어떻게 지킬 수 있을까?

대곡초등학교 6학년 이진영

😊 날짜

음력으로 기축년 시월 열 이튿날

🦖 날씨

할머니들께서 말씀하시는 노안이 된 것처럼 하늘이 흐릿하고 뿌옇게 보인다. 얼음찜질이라도 하는 것 같은 차가운 바람이 얼굴에 느껴지는 날씨.

🎯 3줄요약

1. 얼마 전까지만 해도 한번 신종플루에 걸렸다가 나은 사람은

다시 걸리지 않는다고 했다.
2. 그런데 오늘 뉴스를 보니 신종플루 중복 감염자가 발생했다고 한다.
3. 그럼 백신을 맞아도 소용이 없다는 건데, 내 몸을 어떻게 지켜야 할지 고민이 된다.

주제

신종플루로부터 내 몸을 어떻게 지킬 수 있을까?

물음여행

왜 미국에서는 신종플루 환자였다가 다 나은 어린이가 접종을 받고 다시 신종플루에 걸렸을까?

뉴스에서는 한번 걸린 사람은 다시는 걸리지 않는다고 했는데 이것은 거짓말일까?

그리고 신종플루는 '항생제가 없다'라고 하는데 사실일까?

이게 사실이라면 우리가 맞은 백신은 무엇인가?

그렇다면 접종받은 우리는 안전한 것이 아니라 아직도 위험한 것 아닐까?

그리고 어린이라서 항체가 늦게 만들어진다고 하는데 이것도 사실일까?

만약 사실이라면 우리는 다시 감염될 수 있는 확률이 큰데 왜 쓸데없이 백신을 접종했을까?

우리에게 겁먹지 말라는 뜻으로 접종을 한 것일까? 아니면 혹시 효과가 있을지 모르니 일단 접종을 하고 보는 것일까?

만약 우리나라에서도 미국에서와 같은 사건이 일어난다면 우리는 진짜로 그 백신을 믿을 수 있을까? 아니면 그냥 이대로 불안하게 살아야 하는 것일까?

정말 신종플루를 막을 방법은 없는 것일까?

그렇다면 우리는 무엇을 믿어야 할까?

어떻게 무서운 신종플루로부터 나를 지켜야 할까?

결국 아무것도 믿을 수 없으니 손을 깨끗이 씻고, 감기에 걸리지 말고, 여러 사람이 모인 곳은 되도록 가지 않는 등 스스로 조심해야만 하는 것일까?

오늘의 명언

내 몸을 지키는 방법은 각자 실천해야 한다.

장애인에 대한 차별을 없애려면 어떻게 해야 할까?

개신초등학교 6학년 윤선영

🙂 날짜

2009년(年) 10월(月) 15일(日) 목요일(木曜日)

🦖 날씨

아침 바람을 맞이하고 싶어 창문을 열어 보니 이 넓디넓은 세상에서 두 번째로 하얀 안개가 우리를 맞이하고 있었다. 길에는 무슨 큰 잔치라도 하는 듯 알록달록한 나뭇잎이 너나 할 것 없이 옹기종기 모여 축제를 벌이고 있는 날이다.

🎯 3줄요약

1. 누구나 한 번씩은 거리나 지하철 등에서 장애인을 보았을 것이다.
2. 이런 사람들은 단지 몸이 불편할 뿐인데 차별을 받고 있다.

3. 사람들은 한 번쯤 몸이 불편할 수 있는데 왜 이들과 어울리지 않으려고 하는지 궁금하다.

 주제

장애인에 대한 차별을 없애려면 어떻게 해야 할까?

❓ 물음여행

단지 몸이 불편하다는 이유로 직장을 구하지 못하고, 따돌림을 당해야 하는 것은 옳은 것일까?

몸이 불편하다는 것이 죄가 될까?

그런 차별을 당하는 장애인들은 어떤 생각이 들까?

아마 세상이 밉고 자신의 몸이 싫겠지?

전에 버스 기사 아저씨가 한 장애인 아저씨를 태워 주었는데, 그때 장애인 아저씨는 왜 거듭 고맙다는 인사를 했을까?

차비를 내지 않은 것도 아니고 늦게 온 것도 아닌데, 장애인 아저씨는 왜 그런 행동을 했을까?

장애인을 보통 사람처럼 평범하게 대하면 안 될까?

우리가 이런 차별을 고칠 수는 없는 걸까?

그러려면 장애인은 무조건 불쌍하다는 편견부터 바꾸어야 하지 않을까?

그렇다면 그런 편견을 없애기 위해 우리는 장애인들을 어떻게 보아야 할까?

그저 우리 모두 같은 사람이라고 보면 되지 않을까?

아니면 단지 몸의 한 부분이 불편한 사람이라고 생각하면 되겠지?

🧊 오늘의 명언

장애인은 단지 몸이 불편한, 우리와 똑같은 사람이다.

선배의 일기

대안 없는 비판은 무의미한가?

영동고등학교 1학년 박형규

😊 날짜

2009년 10월도 6일밖에 남지 않았구나. 세월은 나는 화살과 같다더니……. 참 빠르다!

🦁 날씨

끝이 보이지 않는 푸른 하늘에서 보내는 밝은 햇살에 눈이 부시다. 가을 하늘은 정말 높고 푸르다.

🦚 3줄요약

1. 토론을 벌이다가 상대방이 "그래서 더 좋은 방법이 있다는 건가요? 그게 뭐죠?"라고 물었다.
2. 나는 갑작스럽게 날아온 질문이라 당황하여 우물쭈물 하였다.
3. 대안이 없으면 남의 의견에 비판도 할 수 없는 건지 묻고 싶다.

주제

대안 없는 비판은 무의미한가?

물음여행

왜 비판에는 꼭 대안이 있어야 하며 대안 없는 비판은 비난받아야만 하는가?

그 주장이 문제점이 있기 때문에 비판하는 것이 아닌가?

그렇다면 그 점에 대해서는 마땅히 비판받아야 할 터, 대안이 없다는 이유만으로 입 다물고 있어야 하는 것일까?

비판은 본질적으로 '문제 제기'인데 과연 문제와 답안이 같이 나올 수 있을까?

비판하는 사람이 답을 내지 못하더라도 그 사실을 다른 이에게 환기시킴으로써 다른 사람이 그것을 바탕으로 대안을 도출해 낼 수도 있지 않을까?

무조건 대안까지 내놓아야만 한다는 것은 비판 자체를 받기 싫다는, 그래서 자신의 주장이 만고불변의 진리라고 착각하는 오만함의 극치는 아닐까?

반대로 대안을 가진 비판은 그 대안이 절대적이라는 모순을 갖고 있지는 않을까?

즉 대안이 옳다고 어떻게 장담할 수 있는가?

그 대안도 별 볼일 없을 수 있지 않은가?

아니면 '돌고 도는 비판'과 '비판을 위한 비판'과 '대안 없는 비판'을 구분하지 못하고 있는 것은 아닐까?

아니면 '차선책'이란 이유로, '대세'라는 이유로, '그냥 놓아두는 게 유리하다'라는 이유만으로 새로운 비판 자체를 거부하는 건 아닐까?

그래서 더 이상 앞으로 나아가지 못하고 제자리에 답보 상태로 머무르는 것은 누구의 책임인가?

오늘의 명언

비판은 비난과 다르다.
비난은 남을 헐뜯는 것이 목적이지만
비판은 발전을 전제로 한다.

아인슈타인은 왜 상대성 이론을 발표하지 않으려고 했을까?

산성초등학교 4학년 김재원

😊 날짜

②⓪⓪⑨년 ⑧월 ①⑨일, 일요일

날씨

선풍기처럼 바람이 더위를 날려 버리고 얼마 뒤 비가 계속 내린 날. 바람은 더욱 시원해져 기분이 상쾌한 날.

3줄요약

1. '아인슈타인'을 읽다가 '상대성 이론'을 다른 과학자들이 틀렸다고 했다는 걸 알게 되었다.
2. 아인슈타인은 이 주장에 대해 반박하지 않고 상대성 이론을 발표하지 않으려고 했다.
3. 아인슈타인이 왜 그랬는지 궁금해서 물음표 일기를 쓴다.

주제

아인슈타인은 왜 상대성 이론을 발표하지 않으려고 했을까?

물음여행

왜 아인슈타인은 상대성 이론을 주장했을까?

다른 과학자들도 그런 이론을 생각했을 것 같은데 왜 상대성 이론을 주장하지 못했을까?

그들의 실력이 아인슈타인보다 못했기 때문일까?

아니면 연구를 하던 중에 틀려서 그랬을까?

그런데 아인슈타인은 왜 상대성 이론을 발표하지 않으려고 했을까?

나라면 빨리 발표해서 유명해지고 싶었을 텐데 이유가 뭘까?

발표할 용기가 없었기 때문일까? 아니면 아예 발표할 생각이 없었던 걸까?

혹시 그 이론이 완벽하지 않다고 생각해서 그런 걸까?

다른 과학자들은 왜 아인슈타인의 상대성 이론이 틀렸다고 했을까?

아인슈타인을 질투한 것일까? 아니면 정말 상대성 이론에 문제가 있는 걸까?

만약 상대성 이론이 틀렸다면 그걸 증명해 보이면 될 텐데 왜 못했을까?

그리고 아인슈타인은 왜 반박하지 않았을까?

자신의 이론을 믿지 못한 것일까? 아니면 반박하는 것이 귀찮아서 그랬을까?

귀찮다고 자신의 명예가 떨어지는 것을 두고 볼 사람은 없을 테니 아마 다른 이유가 있지 않을까?

혹시 나중에 시간이 흐르면 자연스럽게 현대의 과학자들이 대신 증명해 줄 거라고 믿고 있었던 것은 아닐까?

그만큼 상대성 이론에 대해 확신을 갖고 있었기에 아무런 대꾸도 하지 않은 것은 아닐까?

오늘의 명언
확신이 있으면 흔들리지 않는다.

만화책은 유익하지 않은 책일까?

대곡초등학교 6학년 유준호

날짜

2009년 10월이 시작되고 또 10이 되는 날, 어라 10이 겹쳤네. 와~ 오늘은 신나는 토요일이다.

날씨

바람이 시원하게 불어오는 걸 보니 여름이 물러가고 가을이 오고 있나 보다. 하늘은 파란 물감을 풀어 놓은 것 같다.

3줄요약

1. 가을은 독서의 계절이라서 선생님이나 부모님께서 책을 많이 읽으라고 하신다.
2. 나는 우리 또래 대부분 아이들처럼 만화책을 좋아한다.
3. 그런데 엄마께서는 왜 만화책은 안 좋다면서 못 읽게 하는지 모르겠다.

주제

만화책은 유익하지 않은 책일까?

물음여행

왜 어른들은 만화책이 나쁘다고만 생각하는 걸까?

만화책에 대한 생각이 사람마다 달라서 그런 걸까?

아니면 만화책은 교훈이 없어서일까?

어떤 만화책은 고전보다 더 가치가 있다고 하는데 정말일까?

만약 만화책이 유익하지 않다면 만화책은 우리에게 재미만 주는 책일까?

만화책은 왜 고전보다 유익하지 않은 것일까?

고전은 만화책보다 많은 교훈이 담겨 있고 유명한 사람이 쓴 책이기 때문일까?

고전을 읽었을 때와 만화책을 읽을 때 어떤 점이 다를까?

만화책은 재미있어서 빨리 읽었고 고전은 그 뜻을 생각하면서 읽어서 오래 걸렸던 것 같은데 그것에 어떤 의미가 있을까?

빨리 읽었다는 것은 그만큼 생각을 깊게 하지 않았다는 것이고 느리게 읽었다는 것은 더 깊게 생각했다는 뜻이 아닐까?

그래서 고전을 읽으면 상상력이나 생각하는 힘이 생긴다는 것일까?

 그런데 만화책은 그냥 그림을 보고 지나가기 때문에 그런 힘이 생기지 않아서 유익하지 않다는 것일까?

 그렇다면 만화책은 재미 말고 우리에게 주는 유익함이 없는 책이라서 될 수 있으면 읽지 말아야 하는 것일까?

오늘의 명언

만화책은 지루하거나 우울할 때만 가끔 읽자.

선배의 일기

현실감 있고 흥미로운 소설을 쓰려면 어떻게 해야 할까?

민족사관고등학교 2학년 강희구

😊 날짜

2009년도 하루만 지나면 벌써 절반이 흘러가고 또 하루가 지나면 새로운 반년이 시작되는구나!

 날씨

하늘에는 먹구름이 가득하고 비가 추적추적 내리는 날이다. 흙은 진흙이 되고 물은 흙탕물이 된다. 이런 날은 아이디어가 잘 떠오르지 않는데……. 날씨 탓인지 기분도 좋지 않고 머릿속도 멍해진다.

🔵 3줄요약

1. 나는 벌써 30여 편의 소설을 써 왔고, 그중 완벽하게 완성된 작품은 대략 15편 정도이다.

2. 그러나 지금까지 시도하지 않았던 전혀 새로운 형태의 판타지 장편 소설을 쓰려고 한다.

3. 어떻게 하면 재미있고 짜임새 있는 소설을 쓸 수 있을까?

주제

현실감 있고 흥미로운 소설을 쓰려면 어떻게 해야 할까?

물음여행

단편 소설에서 장편 소설로 장르를 바꾸려면 어려움이 많을 텐데 어떻게 시작해야 할까?

지금까지 소설들에서는 한정된 배경에 제한적인 인물상만 설정해도 충분했지만, 판타지 장편 소설은 전혀 달라져야 하는데 어떡하지?

판타지라는 장르는 배경부터 내가 그려 내야 하는 것이기에 어려운 건 당연하겠지?

그리고 이 문제는 그리 호락호락하지 않다는 건 알고 있지 않은가?

일단 내가 설정한 다섯 국가의 전통, 풍습, 지리적 특성, 날씨, 영토, 인구 구성, 건축술, 병법, 사투리, 지형, 지명, 정치적 체계, 언어 체계 등을 만들어야 하겠지?

　그리고 그 안에서 특이한 단체들과 인물들을 만들어야 하지 않을까?
　그 다음은 각각의 인물마다 특징적인 단어 사용과 말투도 정해야 하겠지?
　그리고 각 인물들의 버릇, 사용하는 무기, 걸음걸이, 성별, 성격, 외모, 체형 등 인물의 특성을 만들어 내야 되겠지?
　그런데 이 어렵고 힘든 작업을 해낼 수 있을까?
　단편 소설을 쓸 때도 나는 해내겠다는 도전 정신으로 노력하지 않았던가?
　그렇다면 이번에도 그렇게 용기를 내어 도전하면 되지 않을까?

노력하다 보면 어렵게만 느껴졌던 일들도 실마리를 찾게 되지 않을까?

그렇게 조금씩 이야기를 써 내려간다면 멋진 소설이 탄생하지 않을까?

오늘의 명언

어렵다고 느껴질 때 한번 해보겠다는 용기는
길을 알려 준다.

제4장

역사 속 위인들이 쓴 물음표 일기

위화도 회군을 하는 것에 대의명분이 있는가?

- 이성계

😊 날짜

고려 우왕이 집권한 지 십사 년째 오 월 이십 일

🌧 날씨

장마철이라서 며칠째 비가 내리고 있다. 게다가 진을 치고 있는 여기 위화도는 섬이라서 축축한 습기가 장군 막사인 내 방까지 스며들었다. 변변치 않은 일반 병사들의 막사는 오죽할까!

🔵 3줄요약

1. 어쩔 수 없이 명나라를 정벌하러 이곳 위화도에 왔지만 병사들의 사기는 떨어져 있다.
2. 또 무기가 녹슬고 전염병이 번지고 있어서 강한 명나라 군대

를 상대로 이길 승산이 없다.
3. 살 길은 회군밖에 없는데 그리하면 왕명을 어기게 되니 참으로 고민이다.

주제

위화도 회군을 하는 것에 대의명분이 있는가?

물음여행

왜 최영 장군은 전쟁으로 모든 일을 해결하려고 할까?

자신이 군인 출신이라 그런 것일까?

그런데 병법에도 싸우지 않고 승리하는 것을 최고의 전략이라고 하지 않는가?

그렇다면 전쟁이 아니라 외교로 해결하면 더 좋지 않을까?

작은 나라가 큰 나라를 치는 것은 승산이 없지 않은가?

그런데 고려 최고의 명장이자 숱한 전쟁을 치른 최영 장군이 그런 간단한 이치를 모를 리는 없지 않을까?

혹시 친원파들의 정치적 음모일까? 그렇다면 왕께서는 왜 친원파의 편을 드시는가?

원나라는 이미 쇠퇴하여 명에 의해 북으로 밀려나지 않았는가?

이번 기회에 새로운 명과 대등한 관계를 맺어 100년 동안 이어져 온 원나라의 간섭에서 완전히 벗어나야 하지 않을까?

그래도 왕명을 따르는 것이 신하된 도리이겠지?

하지만 이번 출정으로 농사철에 많은 젊은이들이 군사로 동원되었기 때문에 농사 지을 사람이 없어서 군량 보급이 어려워지지 않을까?

가을철에 수확을 한 다음에 출정하자는 내 의견은 왜 받아들여지지 않은 걸까?

게다가 장마철에 무기가 녹슬고 병사들이 병에 걸릴 것은 뻔하지 않은가?

그리고 탈영하는 병사들이 많은데 사기가 떨어진 병사들로 어떻게 저 많은 명나라 군대와 싸운단 말인가?

만약 우리가 이 싸움에서 진다면 어떻게 될까?

고려군은 전멸할 것이고, 고려 백성들은 명나라 군대에게 처절하고 잔인한 복수를 당하겠지?

또다시 원나라에 이어 명나라에게 공물을 바치며 비굴하게 살아가야겠지?

남아 있는 간신들은 명나라에 빌붙어 아첨하며 그들의 앞잡이가 되어 백성들을 괴롭히겠지?

그렇다면 나는 궁으로 돌아가 전쟁을 일으킨 간신들을 몰아내고 위험에 빠진 나라와 백성들을 구해야 하지 않을까?

그 길만이 나라와 백성을 살리는 길이 아닐까?

🎲 오늘의 명언
대의명분은 나라와 백성을 위할 때 바로 서는 것이다.

누구일까요?

이성계 (조선의 제1대 왕, 1335~1408년)

이성계는 고려 말기의 장군이던 1388년, 요동을 정벌하라는 명령을 받고 출전하는 중에 위화도*에서 군사를 돌려 권력을 잡았다. 그로부터 4년 후 새로운 왕조인 조선을 건국하고 제1대 왕(태조)이 되었다. 불교를 배척하고 유교를 국가의 지도 이념으로 삼았으며 농업을 장려하는 정책을 폈다.

태조 이성계의 묘소인 건원릉을 비롯한 조선 왕릉은 2009년 유네스코 세계문화유산으로 등재되었다.

*위화도 : 평안북도 의주군 위화면 있는 섬

백성들이 쉽게 쓸 수 있는 글자를 만들려면 어떻게 해야 할까?

– 세종 대왕

😊 날짜

왕위에 오른 지 22년이 지난 7월이 시작되는 첫날

🐵 날씨

매미 소리 드높고 한 여름의 더위가 맹위를 떨치니 입고 있던 용포가 더욱 땀을 나게 하는구나. 근시에게 일러 냉수를 두 사발이나 마셨는데도 더위가 가시지 않구나. 이런 날 뙤약볕 아래서 일하는 백성들은 얼마나 땀을 흘릴꼬.

🔵 3줄요약

1. 한자를 모르는 백성들은 말로만 주고받을 뿐 멀리까지 소식을 전할 길이 없다.

2. 그래서 요즘 소리 나는 대로 적는 글자를 연구 중이다.

3. 이 글자가 완성되면 백성들이 편하게 쓸 수 있을 것 같은데…….

주제

백성들이 쉽게 쓸 수 있는 글자를 만들려면 어떻게 해야 할까?

물음여행

학자나 선비들은 한자를 익혀 의사소통을 하지만 많은 백성들은 한자를 몰라 그러지 못하는데 해결 방법이 없을까?

옳거니, 선비들은 어려서부터 천자문을 가르쳐서 그런 것이니 백성들도 어려서부터 한자를 가르치면 되지 않을까?

그런데 선왕들께서 이렇게 간단한 방법을 몰랐던 것일까? 그것을 시행하기에 뭔가 큰 어려움이 있어서 그랬던 것은 아닐까?

내가 한자를 배울 때를 떠올려 보면 어떠했는가? 어려웠던가, 쉬웠던가? 지금도 고서를 읽을 때면 새롭고 어려운 한자가 많아 집현전의 학자들에게 자문을 구하는데 백성들은 더욱 어렵겠지?

그리고 백성들은 농사를 짓느라 글을 배울 시간이 없지 않은가? 그럼 이 문제를 어떻게 해결할 수 있을까?

지금의 한자는 뜻에 따라 글자 모양이 달라지고 뜻에 맞게 쓰다 보면 말과 달라서 뜻과 말을 모두 배워야 하지 않은가?

 이렇게 어렵고 시간이 많이 걸리는 것을 해결할 좋은 방법은 없을까?

 옳거니, 말과 뜻이 같은 글자가 있으면 되지 않을까? 즉 말하는 대로 쓸 수 있는 글자를 새로 만들면 되지 않을까?

 그렇게 되면 말 그대로 쓰면 그게 바로 뜻이니 배우는 시간도 줄어들겠지?

 그런데 그 글자가 한자보다 어려우면 안 되겠지?

 그럼 소리 나는 대로 적을 수 있고 쉽게 배울 수 있는 글자를 어떻게 만들 수 있을까?

 말은 소리의 일종으로 입에서 나오니 입을 연구해 보면 되지 않

을까? 옳거니, 어린 손자들을 불러 말을 시켜보고 자세히 들여다 보면 되지 않을까?

그 입 모양을 화공을 시켜 그리면 글자 모양을 만들 수 있지 않을까? 인류 역사상 첫 문자도 그림이었다는데 그것은 그림이 글자보다 쉬워서 그런 것 아닐까? 그리고 누구나 알아보기 쉬워서 그런 것이겠지?

우리 백성들이라면 말할 때의 입 모양도 거의 비슷할 것이고, 그런 모양은 백성들 누구나 쉽게 배울 수 있지 않을까?

오늘의 명언

백성을 위하는 마음이 위대한 발명을 만든다.

누구일까요?

세종 대왕 (조선의 제4대 왕, 1397~1450년)
태종의 셋째 아들로 어렸을 때부터 밝고 총명하였고, 22세에 왕위에 올랐다. 그 후, 집현전을 설치하여 훌륭한 유교 학자들을 양성하고, 우리의 글인 훈민정음을 만들었다. 또한 측우기, 해시계 등 수많은 과학 기구를 발명하였다. 6진을 개척하여 국토를 확장하고 대마도를 정벌하여 왜구를 섬멸하는 등 많은 업적을 남겼다.

어떻게 하면 12척의 배로 수많은 일본 함선을 무찌를 수 있을까?

- 이순신

🙂 날짜

선조 30년 아홉구 자가 두 번 겹친 날

날씨

바닷가 날씨가 늘 그렇듯이 아침이면 안개가 자욱하다. 해가 떠오르면서 비교적 쾌청해 바람도 잔잔하고 나룻배로 바다낚시를 하기에 딱 좋은 날씨다. 하지만 비린내와 섞여 오는 죽은 병사들의 냄새는 칼 잡은 내 손을 떨리게 한다. 밤이 되자 다시 안개다.

🟢 3줄요약

1. 조선의 배를 있는 대로 끌어 모았는데도 고작 12척이다.
2. 탐망선의 보고에 따르면 적의 배는 수를 헤아릴 수 없을 만

큼 많다고 한다.

3. 많은 병사들이 잔뜩 겁을 먹고 있는데 과연 어떻게 전투에서 승리할 수 있을지 걱정, 또 걱정된다.

🏛 주제

어떻게 하면 12척의 배로 수많은 일본 함선을 무찌를 수 있을까?

❓ 물음여행

왕께서는 수군을 버리고 육군인 권율 장군 휘하로 들어가라고 명하셨지만 나는 '전하, 신에게는 아직 12척의 배가 있나이다' 하고 장계를 올렸는데 과연 잘한 일일까?

과연 이 낡은 배들로 저 많은 일본 함선을 막을 수 있을까?

단 한 명의 병사의 목숨이 소중한데 예서 그만두는 것이 현명한 판단이 아닐까?

그렇다면 육군으로 가면 살 길이 있는가? 물에 익숙한 병사들이 걷고 뛰는데 익숙한 뭍의 병사들만큼 잘 싸울 수 있을까? 아니라면 아무래도 승산은 뭍보다는 바다 쪽이 더 유리하지 않을까?

그럼 어떻게 하면 많은 일본 함선을 물리칠 수 있을까? 적은 수를 극복할 유리한 진법이 있을까?

학익진을 쓰기엔 울돌목이 너무 좁고 우리 배의 수가 적지 않을

까? 그렇다면 도대체 이길 가망이 없다는 것인가? 아무래도 정면 대응은 백전백패일 테니 기습 작전이 승산이 있겠지?

적이 모르고 나만 아는 그 무언가를 이용해야 하는데 그것이 무엇일까? 옳거니, '울돌목'은 물살이 빨라 바닷물이 암초에 부딪히는 소리가 우는 소리처럼 들린다는 곳이 아닌가? 이처럼 남해에서 가장 빠른 물살을 자랑하는 곳이니 그걸 이용하면 되지 않을까?

'일자진'을 쳐 일대일로 싸울 수밖에 없는 대형을 만들면 한번 싸워 볼 만하지 않을까? 진형은 그렇다고 하고, 빠른 물살은 어떻게 이용하면 좋을까?

썰물 때 쇠줄을 쳐 놓고 적을 울돌목으로 유인해 적들이 쇠줄에 걸리게 하면 혼란에 빠지지 않을까?

우리 배는 썰물을 타고 나가니까 공격하기 쉽겠지? 하지만 일본 함선은 썰물을 거슬러 달아나야 하니까 도망치기 힘들겠지? 그때 함포 사격을 퍼붓는다면 승리는 우리 것이 되겠지?

　그렇다면 작전은 좋지만 떨어질 대로 떨어져 있는 병사들의 사기를 어떻게 높이면 될까? 그래, 어차피 더 이상 물러날 곳도 없잖은가? 그러니 내가 앞장서서 죽을 각오로 싸우면 병사들도 힘을 다해 싸우지 않을까?

　그러면 승리의 빛이 우리 조선 수군을 비추지 않을까?

 **오늘의 명언**

죽고자 하면 살 것이요, 살고자 하면 죽을 것이다.

　(必死卽生 必生卽死)

누구일까요?

이순신(조선의 명장, 1545~1598년)

32세에 무과에 합격하여 벼슬에 올랐다. 1591년 유성룡의 추천으로 전라좌도의 수군을 총 지휘하는 수군절도사가 되었다. 이듬해 임진왜란이 일어나자 세계 최초의 철갑선 거북선을 만들어 남해안의 적군을 물리치고 삼도 수군통제사가 되었다. 명량*에서 조선 전선 12척으로 일본 함대 133척을 무찔러 대승을 거두었다. 하지만 노량에서 해전 중에 전사하였다.

*명량 : 육지와 진도 사이의 좁은 바다로 울돌목이라고도 한다.

나는 왜 동방을 정복하려 하는가?

- 알렉산드로스

😊 날짜

기원전 334년 봄날

🐒 날씨

봄은 왔으나 여전히 메마른 모래바람이 심하게 부는 날. 이 바람은 페르시아를 넘어 저 멀리 새로운 땅에서 불어오는 것이라서 그런지 색다른 냄새가 난다. 갑자기 그곳에 가 보고 싶은 기분이 드는 날씨이다.

🔵 3줄요약

1. 요즘 마케도니아는 아버지 필리포스 2세의 공적으로 많이 안정되었다.
2. 서로 다투는 모습은 사라졌지만 언제 다시 서로 으르렁거리

며 싸울지 모른다.
3. 그렇다면 혼란을 막기 위한 방법은 밖으로 눈을 돌리는 동방 원정뿐인지 고민이 된다.

🔲 주제

나는 왜 동방을 정복하려 하는가?

❓ 물음여행

마케도니아의 안정을 계속 유지하는 길은 나라를 다스리는 데 더욱 힘쓰면 되지 않을까? 그러면 멀리 원정을 갈 필요도 없지 않은가?

그런데 그동안은 왜 서로 싸웠던 것일까? 나보다 뛰어난 왕이 없어서 그랬던 것은 아니겠지?

생각해 보면 늘 싸웠던 것은 아니지 않은가? 그렇다면 평화로웠을 때는 왜 서로 싸우지 않았던 것일까?

그때마다의 공통점은 무엇이었을까? 혹시 외적인 페르시아가 쳐들어와서 다 함께 힘을 모아야 했기 때문은 아닐까?

그렇다면 역시 적을 만들어 공격하는 것이 단합과 평화를 가져오는 길이란 말인가?

그런데 누구를 우리의 적으로 만들어야 할까? 지금 그리스 사람들이 가장 적대감을 느끼는 적이라야 하겠지? 그리고 주변국들에게도 반감을 주고 있는 그런 적이라면 더욱 좋겠지?

그렇다면 페르시아란 말인데 과연 페르시아를 공격한다면 승산이 있을까?

그런데 왜 나는 페르시아를 정복하려는 것일까?

단순히 예전에 페르시아가 범했던 침략과 노략질에 대한 복수심 때문일까?

아니면 페르시아를 그리스인들의 공동의 적으로 만들어 그리스인들을 단결시키려는 의도 때문일까?

내가 굳이 동방을 정복하려는 또 다른 이유가 있다면 그것은 무엇일까?

그들의 옷차림과 식사 습관을 보면 아무래도 그리스인들보다는 미개하고 행동도 잔인하고 야만적이지 않은가?

미개하고 야만적인 사람들을 깨우치고 교화하는 것은 배운 자의 도리이자 의무가 아닌가?

그렇다면 불행한 페르시아인들을 구원하기 위해 그리스인들과 함께 동방 원정을 하는 것이라고 외쳐도 되는 것 아닌가?

즉 이 원정은 사명감으로 뭉친 군대이고, 구세주 같은 신성한 군대이니 반드시 가는 곳마다 승리할 것이고, 나는 이 정복을 통해서 불멸의 영웅이 되지 않을까?

오늘의 명언

큰일에는 반드시 큰 뜻이 있어야 한다.

(큰일을 하고자 한다면 반드시 대의명분이 있어야 한다.)

누구일까요?

알렉산드로스 대왕(마케도니아의 왕, 기원전 356~기원전 323년)

알렉산드로스 대왕은 동방 원정을 통해 그리스, 페르시아, 인도에 이르는 대제국을 건설한 마케도니아의 왕이다. 아버지인 필리포스 2세가 죽자 20세에 왕이 되어 뛰어난 전술 능력과 용맹스러움으로 페르시아를 정복하고 동쪽으로 영토를 넓혀서 인도의 인더스 강에 이르는 대제국을 건설했다. 12년 만에 원정을 끝내고 돌아오지만 이듬해 아라비아 원정을 준비하던 중 33세의 나이로 숨을 거두었다.

알렉산드로스 대왕의 정복 활동은 동서의 문화 교류에 이바지하여 그리스 문화와 오리엔트 문화가 조화를 이룬 헬레니즘 문화를 꽃피웠다.

빌려 온 책이 젖었는데 어떻게 하는 것이 옳은 행동일까?

– 에이브라함 링컨

🙂 날짜

19세기가 시작된 지 23년이 흘렀다.

🌧 날씨

태양이 먼 곳으로 일을 나가서 하늘에는 검은 먹구름만 남아 있다. 먹구름은 태양이 보고 싶은지 밤새도록 눈물을 마구 쏟아 내더니 아직도 훌쩍거린다. 나도 밝은 햇살이 보고 싶다.

🔵 3줄요약

1. 존경하는 조지 워싱턴 위인전을 서점에서 빌렸다.
2. 그런데 깜빡 잠이 든 사이 통나무 틈으로 빗물이 새어 책이 그만 흠뻑 젖고 말았다.

3. 젖은 책을 말려서 갔다 줘야 할지, 아니면 물어 주어야 할지 매우 난감하다.

주제
빌려 온 책이 젖었는데 어떻게 하는 것이 옳은 행동일까?

물음여행
하필 어젯밤에 비가 그렇게 많이 왔을까?
왜 우리집은 튼튼한 벽돌집이 아닌 통나무집일까?
나는 남의 책을 왜 하필이면 비가 새는 곳에 둔 것일까?

이렇게 지난 일을 후회해도 젖은 책이 다시 예전으로 돌아가지 않겠지?

그렇다면 젖은 책을 말려 볼까?

그런다고 지워진 글씨가 다시 나타나지 않겠지?

서점 주인에게 도둑맞았다고 하면 어떨까?

어쩌면 서점 아저씨가 마음씨가 좋아서 용서해 주시지 않을까?

그런데 워싱턴 위인전이 인기가 많다고 돈으로 물어내라고 하면 어떡하지?

지금 나에겐 돈이 없으니 어떻게 하면 좋을까?

서점 아저씨도 우리 집이 가난하다는 것을 아니까 사실대로 말하면 용서해 주시지 않을까?

그러면 서점 아저씨를 속이지 않아도 되고 또 양심에 찔리지 않아도 되겠지?

그렇다면 사실대로 정직하게 말하는 것으로 문제는 다 해결되는 것일까?

그렇게 되면 서점 아저씨만 손해를 보는 게 아닐까?

그럼 나는 돈 대신 어떤 것을 줘야 할까?

그래, 내가 서점 정리랑 청소를 해 주면 어떨까?

어차피 서점 아저씨도 매일 청소하고 책을 정리하시니까 내가 그걸 도와드리면 좋아하시지 않을까?

그런데 얼마 동안이나 도와줘야 하는 걸까?

하루 이틀은 너무 짧으니까 3일이 적당하지 않을까?

📦 오늘의 명언
정직이 최선의 방어이다.

누구일까요?

링컨 (미국의 제16대 대통령, 1809~1865년)
링컨은 노예 제도를 폐지하고 민주주의의 이념을 실천한 미국의 대통령이다.

1847년에 정치에 발을 들여놓고, 1860년 대통령에 당선되었다. 노예 제도 폐지를 주장하는 링컨이 대통령이 되자 남북 전쟁이 발발했지만 결국 링컨이 이끄는 북부의 승리로 끝나고 노예 제도가 폐지되었다. 링컨은 게티즈버그에서 '국민에, 국민에 의한, 국민을 위한 정부'라는 민주주의 참모습을 보여 주는 연설을 한 것으로 유명하다.

쉽게 폭발하지 않는 고체 니트로글리세린을 어떻게 만들까?
- 노벨

🙂 날짜

1865년 12월 뉴욕의 와이오밍 호텔에서 대폭발 사고가 있던 일요일

👨‍🚀 날씨

바싹 마른 나뭇잎처럼 공기가 건조한 날. 작은 불씨가 커다란 화재를 만들 수 있을 것만 같은 불안한 기운이 감도는 날씨.

🔘 3줄요약

1. 오늘 아침 뉴욕에서 일어난 대폭발도 니트로글리세린이 원인이었다.
2. 니트로글리세린이 액체이기 때문에 마차로 운반하다 보면

종종 폭발하게 된다.
3. 만약 액체를 고체로 만들 수 있다면 폭발 사고는 크게 줄어들 텐데…….

🗒 주제

쉽게 폭발하지 않는 고체 니트로글리세린을 어떻게 만들까?

❓ 물음여행

잇달아 일어나는 폭발 사고 때문에 니트로글리세린이 전혀 팔리지 않아서 큰일인데 방법이 없을까?

대부분 운반할 때 사고가 나는데 안전하게 운반하려면 어떻게 하면 좋을까?

용기를 더 튼튼한 것으로 바꾸면 될까?

그럼 용기를 어떤 재료로 만들어야 할까?

지금으로서는 아연이 제일 만들기 쉽고 적합한데 더 좋은 재료는 없을까?

과연 새로 만든 용기가 아연보다 안전할까?

그렇다면 다른 방법은 무엇이 있을까?

혹시 니트로글리세린이 액체라서 그런 것 아닐까?

그럼 그걸 고체로 바꾸면 어떨까?

과연 액체 니트로글리세린을 어떻게 고체로 바꿀 수 있을까?

목탄 가루와 섞어 볼까? 목탄보다는 톱밥에 더 잘 스며들지 않을까?

그런데 톱밥이나 목탄은 쉽게 부서지지 않을까?

그렇다면 단단한 시멘트가 좋을까? 아니, 아무래도 벽돌 부스러기가 더 좋지 않을까?

그리고 운반할 때 나무통끼리 부딪히는 걸 막기 위해 통 사이에 대패밥을 넣는데 그것은 불에 잘 타니까 다른 물질로 바꾸어 볼까?

참, 우리 크뤼멜 공장에는 구멍이 많아 액체가 잘 스며드는 규조토가 많지 않은가?

그럼 액체 니트로글리세린을 규조토에 섞으면 되지 않을까?

오늘의 명언

문제의 답은 의외로 가까운 곳에 있다.

누구일까요?

노벨 (스웨덴의 발명가, 1833~1896년)

노벨상을 만든 사람으로 잘 알려진 노벨은 안전한 폭약인 다이너마이트를 발명하였다. 스웨덴의 수도인 스톡홀름에서 태어났으며 아버지의 사업을 도와 폭약 제조와 관련된 일을 하면서 안전하게 사용할 수 있는 폭약을 제조하기 위해 많은 노력을 했다. 1867년 다이너마이트 개발에 성공한 노벨은 큰돈을 벌자 스웨덴 왕립과학아카데미에 자신의 유산을 기부하고 인류 복지에 공헌한 사람들에게 나누어 주라고 유언했다. 노벨의 유언에 따라 1901년부터 지금까지 매년 여섯 부문에 대해 노벨상을 수여하고 있다.

*2000년 우리나라 최초로 김대중 전 대통령이 노벨 평화상을 받았다.

엔진의 힘을 이용해서 하늘을 날 수 있을까?

– 라이트 형제

😊 날짜

이십 세기 두 번째 해 마지막 달, 열일곱 번째 아침

🧑‍🚀 날씨

매서운 추위는 더욱 심하여 모래땅에는 살얼음이 얄팍하게 얼어 있었다. 차가운 겨울바람이 얼굴을 도려낼 듯이 세차게 불었다. 하지만 비행하기에는 좋은 날씨이다.

🎯 3줄요약

1. 2년 전 날아가는 물새를 보고 날개 각도를 조절하는 장치를 만들어 300미터나 날았다.
2. 이제는 엔진을 달고 날 차례다.
3. 과연 무거운 엔진을 달고 하늘을 날 수 있을지 모르겠다.

📜 **주제**

엔진의 힘을 이용해서 하늘을 날 수 있을까?

 **물음여행**

아직까지 누구도 엔진의 힘으로 하늘을 날아 본 사람은 없었는데 우리가 과연 해낼 수 있을까?

어쩌면 실패하여 목숨을 잃을지도 모르는데 과연 이 비행을 해야만 하는 것일까?

그런데 성공한 사람이 없다고 우리도 꼭 실패하란 법은 없지 않은가?

오히려 최초로 엔진 비행기를 탄 역사적인 인물이 될 수 있는 절호의 기회가 온 것이 아닐까?

그동안 우리는 불가능하다고 믿었던 글라이더 비행을 성공적으로 해내지 않았는가? 이번에도 그런 믿음과 확신이 있다면 가능하지 않을까?

그렇다면 어떤 방법으로 비행에 성공할 수 있을까? 보다 치밀한 계획과 연구가 필요하겠지?

엔진이 가볍고 힘이 강해야 할 텐데 어떻게 그런 엔진을 만들 수 있을까?

엔진의 무게를 최대한 줄여야 하니 재료는 가벼운 알루미늄을 사용해야겠지?

그리고 연료는 적은 양으로도 큰 힘을 내는 가솔린을 사용하는 게 좋겠지?

그렇다면 가솔린 엔진도 만들어야겠지?

게다가 프로펠러는 최대한 빨리 돌려야 하는데 어떻게 하면 좋을까?

프로펠러가 하나일 때는 반작용 때문에 뒤로 내동댕이쳐진다고 했지?

그럼 날개 위에 놓인 엔진으로 프로펠러 두 개를 체인을 걸어 반대로 돌리면 어떨까?

그렇게 되면 두 개의 프로펠러가 반대로 돌아가 서로 힘을 없애 주지 않을까?

그러면 오랫동안 안정되게 하늘을 날 수 있지 않을까?

오늘의 명언

열정과 믿음 그리고 치밀한 계획이 있다면
반드시 성공한다.

누구일까요?

윌버 라이트(1867~1912년)와 **오빌 라이트**(1871~1948년)

미국 오하이오 주에서 태어난 윌버 라이트와 오빌 라이트는 함께 자전거 가게를 운영하였으나 비행기에 대해 관심이 많아 동력 비행기 연구에 몰두했다.

엔진과 프로펠러를 설계하여 1903년에 최초로 동력 비행기를 타고 12초 동안 하늘을 날았다. 1909년에는 아메리칸 라이트 비행기 제작회사를 설립하여 비행기 제작의 눈부신 발전을 가져오게 했다.